Ciências sociais nas organizações

SÉRIE POR DENTRO DAS CIÊNCIAS SOCIAIS

Analisa Zorzi
Fabiela Bigossi
Francisco do Santos Kieling
Paulo Ricardo Müller
Rochele Fellini Fachinetto

Ciências sociais nas organizações

EDITORA intersaberes

Rua Clara Vendramim, 58 – Mossunguê
CEP 81200-170 . Curitiba . PR . Brasil
Fone: (41) 2106-4170
www.intersaberes.com
editora@editoraintersaberes.com.br

CONSELHO EDITORIAL
Dr. Ivo José Both (presidente)
Drª. Elena Godoy
Dr. Neri dos Santos
Dr. Ulf Gregor Baranow

EDITORA-CHEFE
Lindsay Azambuja

SUPERVISORA EDITORIAL
Ariadne Nunes Wenger

ANAISTA EDITORIAL
Ariel Martins

PROJETO GRÁFICO
Raphael Bernadelli

CAPA
Adoro Design

FOTOGRAFIA DA CAPA
CDM/PantherMedia

1ª edição, 2013.

Foi feito o depósito legal.

Informamos que é de inteira responsabilidade dos autores a emissão de conceitos.

Nenhuma parte desta publicação poderá ser reproduzida por qualquer meio ou forma sem a prévia autorização da Editora InterSaberes.

A violação dos direitos autorais é crime estabelecido na Lei nº 9.610/1998 e punido pelo art. 184 do Código Penal.

Dados Internacionais de Catalogação na Publicação (CIP)
(Câmara Brasileira do Livro, SP, Brasil)

Ciências sociais nas organizações/Francisco dos Santos Kieling...[et al.]. – Curitiba: InterSaberes, 2013. – (Série Por Dentro das Ciências Sociais).

Outros autores: Analisa Zorzi, Rochele Fellini Fachinetto, Fabiela Bigossi, Paulo Ricardo Müller
Bibliografia.
ISBN 978-85-8212-584-7

1. Sociologia organizacional I. Kieling, Francisco dos Santos. II. Zorzi, Analisa. III. Fachinetto, Rochele Fellini. IV. Bigossi, Fabiela. V. Muller, Paulo Ricardo. VI. Título. VII. Série.

12-09999   CDD-302.35

Índices para catálogo sistemático:
1. Ciências sociais nas organizações 302.35

Sumário

Apresentação, IX

(1) Complexificação das sociedades ocidentais capitalistas, 11
    1.1   A progressiva racionalização das sociedades, 14
    1.2   A racionalização como característica da modernidade capitalista, 16
    1.3   A emergência das organizações na sociedade, 18
    1.4   Eficiência e controle: fundamento e suporte às organizações, 20

(2) O olhar das ciências sociais sobre as organizações, 23
    2.1   A análise sobre a burocracia e os seus desdobramentos, 26
    2.2   A análise das instituições, 28

2.3 Organizações e democracia, 30

2.4 Relações de gênero nas organizações, 31

2.5 Mudança organizacional, 32

(3) Novas problemáticas organizacionais, 35

    3.1 Delimitação da abordagem: os antecedentes e o contexto do debate, 38

    3.2 O contexto das mudanças: a globalização e as novas tecnologias de informação, 39

    3.3 Os pioneiros no processo de mudança: o modelo japonês, 40

    3.4 As novas tecnologias como mecanismo de controle e de vigilância, 42

    3.5 As organizações em rede, 43

    3.6 Burocratização ou desburocratização: as diversas interpretações, 44

(4) Setores organizacionais: estrutura e função, 47

    4.1 Ponto de vista antropológico, 49

    4.2 Estrutura e função das organizações, 50

    4.3 Primeiro setor: produção de direitos, 51

    4.4 Segundo setor: eficiência e satisfação a serviço da lucratividade, 54

    4.5 Terceiro setor: serviços e produção solidária, 57

(5) Organizações sociais nas sociedades periféricas, 61

    5.1 Modernização seletiva na semiperiferia, 64

    5.2 A divisão internacional do trabalho, 65

    5.3 Origem da atual divisão internacional do trabalho, 66

    5.4 Entre a democratização e a exploração intensiva, 67

    5.5 Ineficiência institucional e a produção da subcidadania, 68

(6) Os sujeitos e o processo de (re)construção das organizações, 73

    6.1 A perspectiva do sujeito, 76

    6.2 Ação e subjetividade nas organizações, 77

    6.3 Inovação e mudança: as condições de planejamento e de gestão dentro da organização, 78

    6.4 Aprendizado coletivo e processos de socialização nas organizações, 80

(**7**) Ciências sociais das organizações empresariais, 83

7.1 A estrutura organizacional das empresas, 86

7.2 O funcionamento da organização empresarial, 89

7.3 A sociedade e o desenvolvimento social da empresa, 90

(**8**) Ciências sociais e terceiro setor: aspectos teóricos, 93

8.1 Ação coletiva, movimentos sociais e sociedade civil organizada, 96

8.2 Terceiro setor, organizações não governamentais (ONGs), políticas sociais, 99

(**9**) Ciências sociais e terceiro setor: aspectos empíricos, 107

9.1 Instâncias de articulação do terceiro setor, 110

9.2 Evolução sociopolítica, práticas organizacionais, contextos situacionais, 112

(**10**) O cientista social nas organizações: subsídios teóricos e empíricos à prática, 119

10.1 A contribuição do cientista social nas organizações, 122

10.2 Aspectos teóricos relevantes para a prática em organizações na periferia, 124

10.3 Aspectos a serem qualificados pela ação do cientista social, 126

10.4 Novas tecnologias, potencialização das redes e das ações sociais responsáveis, 128

10.5 O cientista social no terceiro setor, 130

Referências, 133

Gabarito, 135

Apresentação

Esta obra foi escrita especialmente como material didático para você, estudante de Ciências Sociais. Para a elaboração do seu conteúdo, foram convidados antropólogos e sociólogos com trajetória acadêmica em diferentes áreas de pesquisa.

No primeiro capítulo, abordamos o fenômeno da complexificação das sociedades ocidentais capitalistas, situando como uma das consequências marcantes desse processo a construção de diferentes organizações sociais. No segundo capítulo, apresentamos algumas perspectivas teóricas constituídas especificamente para a análise das organizações, com especial enfoque naquelas abordagens que deram origem a essa área de estudos.

No terceiro capítulo, mostramos algumas das novas abordagens resultantes dos estudos elaborados sobre novas conjunturas e articulações organizacionais. No quarto capítulo, vemos modelos de organizações dos setores público, privado e do terceiro setor. No quinto capítulo, constituimos uma análise sobre a construção de organizações em diferentes contextos sociais, com ênfase nas organizações dos países periféricos ou semiperiféricos.

Já no sexto capítulo, refletimos a respeito do papel dos sujeitos nos processos de construção das organizações, com ênfase nos processos cognitivos resultantes das relações estabelecidas e do seu relacionamento com a produção de inovações e criatividade. No sétimo capítulo, apresentamos algumas análises derivadas dos estudos sobre as organizações empresariais.

Nos capítulos oitavo e nono, mostramos as análises sobre a aproximação entre as ciências sociais e o terceiro setor. O primeiro deles traz elementos teóricos para compreender a emergência e a constituição do setor, e o segundo, aspectos empíricos sobre a constituição do terceiro setor no Brasil. No décimo e último capítulo, costuramos uma análise com base nos capítulos anteriores do livro, de modo a indicar as possibilidades de inserção profissional dos cientistas sociais nas diferentes organizações sociais existentes.

Não foi pretensão do grupo de autores esgotar os temas relevantes às análises sobre as organizações sociais. No entanto, destacamos a importância dos estudos aqui empreendidos por se tratar de um campo de estudos fundamental para se entender os processos de desenvolvimento da cidadania no país e as novas possibilidades de construção de relações democráticas nas e pelas diversas organizações sociais.

(1)

Complexificação das sociedades ocidentais capitalistas

Francisco dos Santos Kieling é licenciado e bacharel em Ciências Sociais (2005) e mestre em Sociologia (2008) pela Universidade Federal do Rio Grande do Sul (UFRGS). Foi professor de Ciências Humanas no Projovem (2006--2007) e professor substituto do Departamento de Ensino e Currículo da Faculdade de Educação da UFRGS (2008).

Neste capítulo introdutório, listamos alguns elementos histórico-sociológicos que caracterizam o processo que resultou na constituição das modernas sociedades capitalistas do ocidente, marcadas nas suas mais variadas dimensões pela presença de organizações sociais. Ao longo do percurso trilhado no capítulo, destacamos as análises em torno da progressiva racionalização das sociedades ocidentais e das transformações das relações de trabalho, consideradas as principais características da modernidade capitalista. É importante destacarmos também o estudo realizado sobre a emergência das organizações na vida coletiva como resultado da racionalização ocidental e sobre o suporte prático-ideológico dessas formas de operacionalização da sociedade, constituído pelo par: EFICIÊNCIA no agenciamento de recursos para a obtenção de resultados e CONTROLE dos meios necessários para que esses recursos sejam coordenados, tendo em vista os fins previamente traçados.

(1.1) A progressiva racionalização das sociedades

Os processos econômicos, políticos e culturais de longa duração que marcaram a decomposição das estruturas sociais da Idade Média e a construção das sociedades contemporâneas na Europa Ocidental transformaram profundamente as instituições, os modos de relacionamento social e a organização geral dessas sociedades.

De acordo com Anderson (2004), as revoluções econômicas, políticas e culturais que sacudiram de formas diferenciadas a Inglaterra, a Holanda, a França e outros países daquele continente entre os séculos XV e XIX culminaram na consolidação do capitalismo como sistema socioeconômico dominante na maioria dos países ocidentais.

A transição entre os dois períodos históricos pode ser caracterizada como um complexo processo de centralização política por meio dos Estados-nações, intensificada por uma nova configuração socioeconômica produzida entre os séculos XI e XV. Paralelamente – e condicionando novos modos de compreender a realidade natural e social em que a Europa, em particular, e a humanidade, em geral, estavam inseridas –, ocorreu a expansão das fronteiras do mundo conhecido e explorado até então pelos povos ocidentais, por meio das conquistas do contorno africano em direção às Índias e do Novo (Américas) e Novíssimos (Oceania) Mundos.

Para Wallerstein (2001), os centros dinâmicos da atividade comercial da Idade Média (principais cidades do Norte da Itália) foram progressivamente sendo substituídos pelas cidades espanholas e portuguesas durante o auge das grandes navegações, que impulsionaram, por sua vez, a produção manufatureira e, posteriormente, industrial da Inglaterra e o sistema bancário e marítimo comercial do Norte do continente.

De acordo com Marx (1975), esse lento processo socioeconômico foi marcado pelo progresso técnico, pela transformação do padrão demográfico e pela dinamização dos meios e possibilidades de circulação e comunicação de longa distância. A combinação desses processos alterou profundamente os modos estabelecidos, até então, da sociedade produzir, distribuir, trocar, consumir e pensar sobre a própria realidade.

De uma ordem político-econômica fragmentada entre grandes domínios rurais, comumente trabalhados por servos de um senhor, passou-se progressivamente à constituição de propriedades rurais igualmente grandes, mas estas passaram a ser geridas sob outra forma de relação de trabalho e a utilizar novos métodos de produção, cultivo ou criação. Disso resultou a expulsão de numerosos contingentes populacionais do campo para as emergentes cidades industriais. As características predominantes da divisão do trabalho – que até então, situava o predomínio do campo sobre as cidades – alteraram-se progressivamente. O centro econômico determinante das relações de troca deixou de ser o campo e passou a ser a cidade. Deixou de ser a agricultura e passou a ser a manufatura, num primeiro momento, e, posteriormente, a indústria.

Essa transformação nas bases materiais da sociedade repercutiu na esfera política. O centro político deixou de ser o senhor feudal e passou a ser a monarquia absolutista, no primeiro instante, e a burguesia, em seguida. Assim, o poder econômico tensionado entre propriedades agrícolas dominadas pela nobreza, pela burguesia agrária ascendente e pelos emergentes industriais criou contradições sociais profundas que levaram a rupturas políticas sobre uma base econômica previamente transformada.

A articulação entre emergentes poderes públicos menos fragmentados e organicamente articulados com grupos privados garantiu inicialmente privilégios e monopólios sobre setores-chave da economia durante o período pré-capitalista. A constituição desses grupos e de novas áreas de produção e de comércio, reforçada por meio dos monopólios garantidos politicamente, forjou uma sinergia que caracteriza as relações entre o Estado e mercados desde então. Essa situação se sustentou até o momento em que as contradições inerentes à estrutura estamental se tornaram incompatíveis com os modos emergentes de produção, de troca, de distribuição e de consumo.

O resultado histórico desse processo foi a ascensão de uma nova classe social ao poder político: a burguesia. Consolidou-se, a partir de então, a consonância de interesses entre poderes econômicos e políticos que estiveram progressivamente em conflito durante alguns séculos antes das revoluções dos séculos XVII e XVIII.

Como resultado desse amplo e complexo processo histórico, dois fenômenos interligados entre si marcaram a construção da modernidade capitalista no centro e na periferia do sistema mundial, desde sua origem. De um lado, conforme Weber (1968), um amplo processo de racionalização das instituições e relações sociais, alvo preferencial desse capítulo; de outro, segundo Marx (1968), um sistemático uso de processos de dominação marcados pela violência sistêmica, coordenada e legitimada para realizar o projeto de racionalização capitalista.

(1.2) A racionalização como característica da modernidade capitalista

O processo de racionalização é resultado da construção e da aplicação de técnicas e de estratégias relacionadas a fins desmitificados, ligados aos objetivos econômicos de mercado. Max Weber (1968) diferencia as práticas racionais das práticas referenciadas a elementos mágicos ou místicos. A característica da racionalização do mundo é o tratamento das questões econômicas, políticas e culturais, tendo como parâmetros elementos produzidos por meio de ações dirigidas à sociedade.

A complexificação progressiva dos processos de troca durante toda a Alta Idade Média exigia rigor e técnicas cada vez mais apurados para os cálculos econômicos. As participações em negócios tornaram-se cada vez mais intensas e não envolviam mais apenas a simples troca. A constituição das cruzadas religiosas, de bancos, das companhias de navegação e da colonização fez surgir novas formas de organização de comércio e de produção que transformaram o modo das relações políticas e econômicas.

Até então essas relações econômicas estavam ligadas à suserania e à vassalagem, caracterizadas pelos códigos de honra tipicamente medievais, que envolviam restrições e condicionalidades nada racionalizadas, se tivermos como parâmetro a obtenção de lucros monetários. Com a construção da nova ordem econômica – ainda pré-capitalista –, as relações passaram a ser mediadas progressivamente por instituições, por seus códigos e contratos.

Essa progressiva racionalização das relações econômicas impactou outras esferas da vida social no ocidente. Afastando-nos um pouco do modo de interpretação weberiano, apontamos a predominância das transformações econômicas, em última instância, sobre as demais dimensões do mundo social. Anderson (2004) diz que, dessa forma, é razoável destacar que a progressiva racionalização econômica afeta a vida política das nações emergentes, que passam a constituir estratégias de exploração colonial, comercial e de produção de forma distinta entre os diferentes países.

As novas conjunturas político-econômicas condicionaram uma transformação ainda mais complexa: a cultural. O elemento diferenciador entre os processos históricos de longo alcance, que ocorreram nas civilizações concorrentes entre os séculos XV e XIX, foi o profundo impacto da racionalização cultural nos mais diversos segmentos populacionais do Ocidente, como consequência da racionalização dos meios de produção de acordos coletivos regionais e nacionais: a religião, num primeiro momento, as organizações políticas, logo em seguida, e, mais recentemente, os meios de comunicação de massa.

O impacto principal da racionalização das relações entre indivíduos, grupos e classes sociais é o progressivo desencantamento do mundo. Esse fenômeno, segundo Pierucci (2003), antes de possuir um sentido negativo, de descrédito ou de desencanto diante das possibilidades de construção social, significa destravamento, libertação das amarras da magificação do mundo e dos sentidos mágicos que este carrega. Para Weber (1968), não haveria o desenvolvimento ocidental, como o conhecemos, sem o processo de desencantamento. E o que diferencia o processo ocorrido no Ocidente daquele que aconteceu em outras civilizações concorrentes foi a dupla ação de racionalização, que afetou, além das estruturas político-econômicas, a esfera cultural.

Nem mesmo as religiões ocidentais ficaram livres do processo de racionalização. A tese de Weber, recuperada por Pierucci (2003, p. 133), indica que "sem a desmagificação que o judaísmo operou e hereditariamente transmitiu ao cristianismo, não teria havido o racionalismo de domínio do mundo que caracteriza o desenvolvimento do ocidente".

E esse desenvolvimento racionalizador foi conduzido por forças socioeconômicas complexas e interconectadas, caracterizadas pela dupla busca permanente de eficiência e controle que marcam o capitalismo moderno, permeada por níveis elevados de produtividade e pelas violências física, material e simbólica contra grupos e classes explorados pelas relações constituídas de forma sistêmica.

O amplo processo social constituinte do que ficou conhecido como *modernidade ocidental* é, dessa forma, resultante de um processo generalizado de racionalização, produtor até aqui do moderno capitalismo financeiro-industrial. Esse sistema tem como pré-condição de existência:

- de acordo com Marx (1968), a divisão social do trabalho entre empresários, proprietários dos meios de produção e trabalhadores, vendedores da sua força de trabalho ao capitalista, que passa a gerir essa mão de obra de acordo com seus interesses específicos;
- de acordo com Weber (1968, p. 50), a "contabilidade racional do capital, como norma para todas as grandes empresas lucrativas que se ocupam da satisfação das necessidades cotidianas".

Já as condições prévias para a sobrevivência e a reprodução ampliada dessas empresas, para Weber (1968, p. 250-251), são as seguintes:

APROPRIAÇÃO DE TODOS OS BENS MATERIAIS *de produção como propriedades de livre disposição por parte das empresas lucrativas autônomas;*
LIBERDADE MERCANTIL, *isto é a liberdade de mercado, com referência a toda irracional limitação do comércio [...];*

TÉCNICA RACIONAL, *isto é, contabilizável até o máximo, e, portanto, mecanizada, tanto na produção como na troca [...];*
DIREITO RACIONAL, *isto é, direito calculável. Para que a exploração econômica capitalista proceda racionalmente precisa confiar em que a justiça e a administração seguirão determinadas pautas [...];*
TRABALHO LIVRE, *isto é, que existam pessoas, não somente no aspecto jurídico, mas no econômico, obrigadas a vender livremente sua atividade num mercado. Luta com a essência do capitalismo o fato de que falte uma camada social deserdada, e necessitada, portanto, de vender sua energia produtiva, e, de modo igual, quando existe tão somente trabalho livre [...];*
COMERCIALIZAÇÃO DA ECONOMIA, *sob cuja denominação compreendemos o uso geral de títulos de valor para os direitos de participação nas empresas e, do mesmo modo, para os direitos patrimoniais.*

Em suma: possibilidade de uma orientação exclusiva na satisfação das necessidades, num sentido mercantil e de rentabilidade.

Notamos que o capitalismo moderno pressupõe, de acordo com Weber, a disponibilidade dos bens e dos recursos produzidos socialmente para ser gerido, produzido, trocado e consumido sob o regime da propriedade privada. E, de acordo com Marx, pressupõe a existência de classe sociais antagônicas entre si e complementares em relação à funcionalidade do sistema, sendo uma proprietária e outra despossuída de meios de produção, sejam eles materiais ou simbólicos.

Para garantir essas condições prévias ao capitalismo, o modo de estruturar a sociedade precisa ser adequado aos princípios políticos e ideológicos que o sustentam. Sendo estes satisfeitos, abre-se o caminho para a progressiva institucionalização das organizações sociais, públicas, privadas ou, como ocorre mais recentemente, do terceiro setor. A emergência dessas organizações, como consequência desse processo de longa duração, será analisada a seguir.

(1.3) A emergência das organizações na sociedade

Um resultado marcante dessa progressiva racionalização das relações sociais é a emergência e a consolidação da moderna organização social. Esse foi o modo específico encontrado para gerir a produção, a distribuição, a troca e o consumo, de modo a garantir padrões razoáveis de eficiência e controle. A formação e a expansão dessas organizações foram, ao mesmo tempo, limitadas e potencializadas pela interação estabelecida entre Estado e mercado nas sociedades tipicamente capitalistas.

Para Giddens (2005), uma organização social pode ser definida como uma forma de coordenar a atividade humana ou os bens produzidos de uma maneira estável, por meio do tempo e do espaço. Para ser eficiente, torna-se fundamental à organização o controle das informações por intermédio do registro sistematizado. Essa última característica dá o nome comum às organizações: uma entidade burocrática, a burocracia.

Essa forma de organização tem como características típicas:

- a hierarquia, com autoridades definidas por meio de mérito gerencial, de acordos políticos, de herança familiar ou de golpes estratégicos;
- a existência de regras ditadas por critérios funcionais internos e com vista aos fins a que a organização se destina;
- as regras, em geral, são escritas, sendo acessíveis a todos os sujeitos que fazem parte da organização e que devem preferencialmente segui-las para garantir a eficiência;
- além do corpo gerencial, a organização é composta e tem sua funcionalidade possível, principalmente, graças ao corpo de funcionários que normalmente trabalha em tempo integral, com regime de trabalho assalariado;
- esses funcionários trabalham em setores específicos da organização, em regime de solidariedade orgânica, que garante a eficiência das atividades;
- o que distingue fundamentalmente essas organizações modernas das organizações existentes nos períodos históricos pré-capitalistas é que os recursos materiais utilizados no trabalho não pertencem aos trabalhadores, mas sim ao proprietário ou à sociedade proprietária.

Essa definição traz uma noção implícita: uma organização se estrutura em torno de uma função social, que a burocracia deve cumprir com eficiência desejável. Essas organizações podem ser públicas – por exemplo, escolas, hospitais, secretarias, ministérios, universidades etc. – ou privadas, como indústrias, lojas, bancos, escolas, hospitais, universidades etc.

Mais recentemente, abriu-se a discussão em torno de um terceiro setor organizacional, composto por organizações não governamentais (ONGs), organizações da sociedade civil de interesse público (Oscip), cooperativas, entre outras, que ocupam espaços abertos pelo setor público para o atendimento de serviços específicos, associando-se ou não ao próprio Estado ou a empresas privadas para a sua realização. Nesse caso, a diferenciação entre uma organização privada e uma do terceiro setor é a ausência do lucro como meta final.

É perceptível, no entanto, que os três níveis setoriais podem se sobrepor um ao outro no atendimento às necessidades sociais específicas de que tratam. Isso está relacionado à lógica própria do sistema social vigente e aos acordos sociopolíticos construídos historicamente.

(1.4) Eficiência e controle: fundamento e suporte às organizações

É em relação, por um lado, à oposição entre a colaboração hierarquizada e a organização centralmente planejada e imposta dentro das fábricas e, por outro, ao caos do mercado concorrencial como característica sistêmica que Marx (1968) valida uma de suas críticas ao sistema capitalista. Com base na premissa concorrencial caótica do sistema, negamos que a racionalização aplicada internamente à empresa possa ser aplicada à resolução de problemas macrossociais e à reversão das desigualdades geradas pela dinâmica econômica capitalista.

A organização, nesse caso, tem identificação não com a sociedade em geral, mas com a unidade específica. À racionalidade pretendida na gestão interna dessas unidades confronta-se o aparente caos do mercado em que estão lançadas. Materialmente, os processos de concorrência protegida estabelecidos no mercado capitalista estão correlacionados aos incríveis índices de produtividade e de inovação alcançados nos últimos dois séculos. Mas, de acordo com Cattani e Cimadamore (2007), também estão na raiz de processos produtores de pobreza e de desigualdade. Ao mesmo tempo em que a humanidade atinge níveis de riqueza incomparáveis, produz miséria em uma escala nunca antes vista.

A tecnologia social que possibilita a construção dos maiores índices de produção e de produtividade da história da humanidade é sonegada, ideologicamente, à resolução dos problemas sociais básicos, incompatíveis com os níveis civilizacionais possíveis de serem constituídos com a riqueza gerada em sociedade.

Produz-se socialmente uma situação contraditória de ampliação das possibilidades de controle sobre as contingências naturais à custa da alienação majoritária da força de trabalho disponível e mobilizada no regime produtivo, o qual é controlado por estratégias capitalistas.

Durkheim (1977) aponta que as formas de divisão do trabalho social regulariam, por meio de regras dinâmicas, uma sociedade moderna estruturada e em constante inovação. As instabilidades momentâneas tenderiam a ser rapidamente assimiladas pela ordem dinâmica estabelecida. Essa ordem social seria caracterizada por uma solidariedade orgânica diretamente proporcional ao grau de diversificação social. Mas as incongruências sistêmicas geradas pela concorrência desregulada e a intensificação do controle e da alienação do trabalho colocam em questão as proposições otimistas para o futuro da sociedade estruturada sob o domínio capitalista.

As organizações centradas nos objetivos de eficiência têm como propulsores da inovação os mesmos fatores que limitam sua eficiência social: a alienação entre produtores e proprietários e a concorrência. Opostas à racionalidade organizacional, essas características típicas das sociedades capitalistas modernas entravam na resolução de questões civilizacionais básicas da humanidade.

Segundo Marx (1968, p. 408), o condicionamento recíproco entre a "anarquia da divisão social do trabalho e o despotismo da divisão industrial do trabalho" impede o enfrentamento de questões importantes, ao mesmo tempo em que legitima socialmente que as tecnologias sociais disponíveis não sejam aplicadas com finalidades igualitaristas e humanitárias.

A inovação fica limitada ao que é lucrativo no mercado, e não à eficiência social. Desse modo, a busca permanente pela eficiência necessita do braço regulador e coercitivo dos agentes de controle social. A solidariedade orgânica, que seria produzida de acordo com a proposição durkheimiana, só é possível pela ação dos mecanismos de controle social. A concorrência é possível, legítima e legalizada dentro da ordem pré-estabelecida entre organizações e para o bom funcionamento delas, mas não entre os sistemas sociais e políticos de regulação capazes de controlar processos ou corrigir caminhos.

Dessa forma, podemos concluir que a construção de uma sociedade organizacional – cujos principais valores são a eficiência produtiva e a dinamização econômica – é sustentada por uma série de organizações cujos objetivos estão centrados na manutenção da ordem, ou seja, instituições que garantam o controle das formas de contestação social. Essas organizações de controle podem ter caráter tanto repressor, no caso da polícia, do exército e do judiciário, como coesionador, no caso dos meios de comunicação, escolas, intelectuais orgânicos etc.

(.) Ponto final

Neste capítulo, estudamos as linhas gerais que marcam o processo de constituição das modernas sociedades capitalistas. Vimos que o centro desse debate situa-se entre duas questões específicas: a racionalização das relações sociais e a divisão social do trabalho, fenômenos característicos da modernidade capitalista.

Analisamos ainda a forma típica encontrada para solucionar os problemas econômicos, políticos e sociais que emergiram ao longo dos últimos séculos: as organizações sociais. Estas são sustentadas por princípios de eficiência na alocação de recursos em relação a fins e por sistemas de controle dirigidos pela mesma racionalidade que serve à produção, à distribuição e às trocas.

Atividade

1. Dois processos interconectados de largo alcance e longo prazo condicionaram a formação das modernas sociedades capitalistas. Conforme o texto, podemos citar quais são esses dois processos:
   a. Democratização social e racionalização.
   b. Transformação das relações de trabalho e racionalização.
   c. Transformação das relações de trabalho e democratização.
   d. Ampliação dos lucros e transformação das relações de trabalho.

(2)

O olhar das ciências sociais
sobre as organizações

Analisa Zorzi é bacharel (2005) e licenciada (2008) em Ciências Sociais e mestre em Sociologia (2008) pela Universidade Federal do Rio Grande do Sul (UFRGS). Tem experiência na área de sociologia com ênfase em sociologia rural, atuando principalmente com os temas: gênero, políticas públicas e empoderamento.

Neste capítulo, entraremos em contato com alguns autores das ciências sociais e suas perspectivas teóricas desenvolvidas para empreender análises sobre as organizações modernas. Este texto dialoga com a síntese formulada por Antony Giddens (2005) sobre a temática. O capítulo está estruturado em cinco partes, nas quais são apresentados diferentes pontos de vista sobre o debate acerca das organizações.

Na primeira parte, apresentaremos as análises relacionadas à burocracia, cujo autor referência é Max Weber e seus desdobramentos, representados aqui pela discussão das relações informais e dos processos de inovação e de mudança no interior da organização. Já na segunda parte, a discussão se deslocará para a compreensão das instituições, por meio das análises de Erving Goffman e da sua compreensão das instituições totais, e de Michel Foucault e suas críticas às organizações carcerárias. Na terceira parte, abordaremos a relação entre as organizações e a democracia. Na quarta parte, a análise estará focada nas relações de gênero no interior das organizações. E, por fim, na quinta parte, veremos a discussão sobre a mudança organizacional e a superação da burocracia como elemento estruturante das organizações.

(2.1) A análise sobre a burocracia e os seus desdobramentos

Entre os precursores nos estudos sobre as organizações modernas, sem dúvida alguma, está Weber, com suas análises sobre o processo de racionalização e a burocracia. Para Weber (1968), as organizações modernas aparecem com o advento do capitalismo, pois, segundo ele, podemos falar nessas organizações a partir do momento em que houve a superação da forma tradicional de produção e a separação entre a esfera do lar e a esfera do trabalho, fundando-se, assim, a empresa capitalista.

A diferenciação entre o processo de produção tradicional – economia tradicional – e o processo de produção capitalista – economia racional – está justamente nos processos de racionalização e de burocratização presentes nesta última forma. Conforme Weber, o desenvolvimento do capitalismo moderno possibilitou o uso do cálculo racional na produção.

De acordo com Giddens (2005, p. 284), Weber enfatizou a ideia de que o desenvolvimento das organizações depende do controle das informações, ressaltando a importância central do registro escrito nesse processo: uma organização precisa de regras escritas para o seu funcionamento e de arquivos nos quais sua memória seja armazenada.

As organizações modernas passam, assim, a ser geridas dentro de um processo racional e organizado com base em regras definidas. Diferentemente da economia tradicional, o capitalismo moderno, por meio de suas organizações, visa à eficiência e ao melhor aproveitamento de sua produção.

Sobre a gênese da racionalização da produção, Weber (2004, p. 60) destaca:

> Um dia porém, esse aconchego [relativo à forma tradicional de produção] foi repentinamente perturbado, e muitas vezes sem que a forma de organização sofresse nenhuma alteração fundamental – a transição, digamos, para a fábrica fechada, para o tear mecânico ou coisa do gênero. Em vez disso, o que se deu o mais das vezes foi simplesmente isso: um jovem qualquer de uma dessas famílias desses empresários da produção em domicílio muda-se da cidade ao campo, seleciona a dedo os tecelões de que necessita, aumenta ainda mais sua dependência e seu controle sobre eles, fazendo, dos camponeses,

operários; por outro lado, assume totalmente as rédeas do processo de vendas por meio de um contato o mais direto possível com os consumidores finais [...].

Surgiu, então, a burocracia associada à necessidade de as organizações submeterem seu processo de produção e os sujeitos nele envolvidos a um conjunto de regras de procedimentos. Conforme Giddens (2005, p. 285), "Weber via a burocracia como um elemento central da racionalização da sociedade".

Esse autor acreditava que o controle burocrático era a forma mais eficaz de lidar com as exigências administrativas que estavam surgindo com o processo de produção em larga escala. Ele construiu o tipo ideal[a] de burocracia com a intenção de analisar as organizações modernas. Para tanto, destacou algumas características que seriam particulares a essas organizações burocráticas. São elas:

a. hierarquia de autoridade;
b. regras escritas que devem reger a conduta dos funcionários;
c. trabalho em tempo integral e assalariado;
d. separação entre o trabalho e a vida doméstica;
e. separação entre o trabalho e os meios de produção.

Para Weber (1968), então, quanto mais próxima desse tipo ideal estiver a organização, maior será a sua eficiência na busca de seus objetivos. Por isso, a burocracia diferenciava-se pela sua "superioridade técnica" em relação às outras formas de organização.

No entanto, apesar de considerar o procedimento burocrático o mais adequado para a gestão das organizações modernas, Weber não deixou de considerar que há profundos problemas e dilemas nesse procedimento, principalmente relacionados à construção democrática da sociedade.

Há de se levar em conta que a análise sobre uma organização não ficou restrita às suas relações formais dentro da perspectiva da organização burocrática. Nesse sentido, vários estudos tiveram como foco outra perspectiva: a das relações informais no interior das organizações.

Giddens (2005) aponta a existência de estudos que mostram que nem sempre as relações internas das organizações seguem a lógica estabelecida pelas regras. Em algumas situações, as pessoas envolvidas no processo de trabalho nas organizações procuram resolver problemas com procedimentos informais, nos quais valorizam mais o grupo social (amizades), a iniciativa e a responsabilidade de cada um do que as regras propriamente formais. Essas análises mostram que

---

a. Giddens (2005, p. 285) chama a atenção para a seguinte questão: "Ideal não se refere ao que é mais desejável, mas a uma forma pura de organização burocrática".

existe uma possibilidade de flexibilização dos processos de trabalho e de tomadas de decisões. Em alguns casos, essa flexibilização se mostra mais eficaz do que a rigidez das regras impostas.

Conforme Giddens, há também análises que voltam seus esforços para a compreensão de processos relacionados à mudança e à inovação. Alguns estudos mostram que há dois tipos de organização: as mecanicistas – "sistemas burocráticos nos quais existe uma cadeia hierárquica de comando, em que o fluxo de comunicação ocorre verticalmente através de canais definidos" (Giddens, 2005, p. 287) – e as orgânicas – "estrutura mais livre, na qual dá-se prioridade às metas gerais da organização, e não às responsabilidades minuciosamente definidas" (Giddens, 2005, p. 287).

Para esse autor, essas análises mostram que as organizações orgânicas tendem a se adaptar melhor às mudanças que ocorrem no ambiente exterior à empresa, ou seja, na sociedade.

(2.2) A análise das instituições

Além do enfoque burocrático, outro enfoque nos estudos sobre organizações foi dado por Erving Goffman e Michel Foucault. Esses autores estavam interessados em entender não os processos de produção de bens e serviços na sociedade capitalista, mas sim as experiências dos sujeitos que passam pelas instituições totais, no caso de Goffman, e a sociedade capitalista como uma sociedade disciplinar por meio de suas organizações carcerárias, no caso de Foucault.

De acordo com esses autores, o advento do capitalismo trouxe a necessidade de criação de mecanismos de disciplinamento e de controle dos corpos e das almas dos sujeitos. Para tanto, algumas organizações nascem com a função de cumprir tais objetivos.

As instituições totais

Para Giddens (2005), instituições totais são organizações que impõem aos sujeitos residentes "um sistema de existência violentamente ordenado, em completo isolamento do mundo exterior". Exemplos dessas instituições são: hospitais psiquiátricos, campos de treinamento e monastérios.

As instituições totais são um bom exemplo de organizações pautadas pelo processo burocrático de controle, pois elas se constituem em procedimentos complexos e rígidos envolvendo os sujeitos num "mundo rigorosamente organizado, completamente planejado e meticulosamente supervisionado" (Giddens, 2005).

Conforme Giddens (2005, p. 288),

Goffman descobriu que diferentes tipos dessas instituições possuem certos aspectos em comum. Em todos os casos, os recém-chegados são privados de sua "percepção do eu" e de sua individualidade enquanto pessoas, sendo "reconstruídos" de acordo com as regras da instituição. Removem-se os objetos pessoais e neutralizam-se os traços identificadores: as roupas são trocadas por uniformes regulares, são feitos cortes de cabelo padronizados, dá-se um novo nome ou número de identificação e rompem-se as ligações com o mundo exterior, incluindo o relacionamento com a família e os amigos. O recluso é lembrado, de várias formas, de que não é mais a mesma pessoa que era antes, mas assumiu uma nova identidade como membro da instituição.

Na medida em que a sociedade vai se transformando com a consolidação do capitalismo como sistema econômico vigente, os valores e os comportamentos esperados dos indivíduos também mudam. Aqueles sujeitos considerados desajustados ou que agem de forma ilícita dentro dos novos parâmetros devem passar pelo processo descrito por Giddens. No entanto, nem sempre os sujeitos submetidos a tais reajustes se adaptam a esse processo. Nesse sentido, há estudos que mostram que existe mais resistência nessas instituições do que adaptação a elas.

As organizações carcerárias

Foucault (1987) voltou sua atenção para as prisões com o objetivo de mostrar a forma pela qual as sociedades modernas – ou, em suas palavras, a sociedade disciplinar – lidavam com a disciplina, que se constitui por meio do monitoramento, do controle e da punição da população humana.

A crítica de Foucault foi além dos muros das prisões, pois, de acordo com ele, a necessidade de disciplinar os sujeitos na sociedade moderna fazia com que as técnicas desenvolvidas nas prisões fossem, na visão do autor, também aplicadas nas escolas e nos ambientes de trabalho.

Giddens (2005) faz um panorama histórico para mostrar que as formas de punição variaram ao longo das décadas. O autor afirma que antes do século XIX, nas pequenas cidades, existiam as cadeias locais, que serviam para "resfriar os ânimos" ou aguardar julgamento. Nas grandes cidades, as cadeias abrigavam condenados à espera de execução e as punições para os crimes geralmente eram: o tronco, o açoite, o ferrete e o enforcamento, os quais eram aplicados na presença do público. Já a partir do século XIX, com a industrialização, as instituições carcerárias ganharam outra configuração. De acordo com Giddens (2005, p. 289), como se esperava que as prisões produzissem o efeito de exercitar hábitos moderados de disciplina e de conformidade nos criminosos, a ideia de punir as pessoas em público foi progressivamente afastada.

Na era industrial, a punição tornou-se mais sistemática, pois o crescimento urbano e o surgimento da classe trabalhadora industrial trouxeram novos desafios à nova ordem social. Sendo assim, Giddens (2005, p. 289) afirma:

> A prisão moderna foi uma instituição que surgiu para lidar com os indivíduos que rompessem a nova ordem social. Assim como muitas instituições da sociedade moderna, as prisões passaram a ficar cada vez mais burocratizadas, sendo vinculadas a uma complexa rede administrativa de agências do Estado que incluíam os sistemas de justiça legal e criminal.

Isso ocorreu devido ao grande deslocamento da população rural para as zonas urbanas, gerando um choque entre a necessidade de integração à vida da cidade e o abandono das estruturas sociais rurais. Essa tensão nem sempre foi resolvida da forma esperada pelo Estado, criando assim, aos seus olhos, os "desajustados" da nova ordem econômica e social.

(2.3) Organizações e democracia

Um debate interessante dentro da análise das organizações modernas é sobre o paradoxo que se instaura a partir do momento em que as sociedades modernas e democráticas passaram a depender cada vez mais das organizações para o seu próprio funcionamento. Nesse sentido, Giddens (2005, p. 292) traz uma importante reflexão de Robert Michels acerca dessa questão:

> De acordo com Michels, as organizações são necessárias para a democracia, pois são o único caminho possível pelo qual uma grande quantidade de pessoas pode participar do processo político e fazer com que as suas opiniões sejam ouvidas. Porém, uma vez estabelecidas, passa a ser impossível, em termos práticos, ter diversas pessoas dirigindo uma organização.

Dessa forma, em vez de disseminar o poder, as organizações acabam concentrando-o nas mãos de poucos, que são considerados aptos e competentes a tomar decisões importantes. Michels chama esse grupo de indivíduos de *elite* ou de *oligarquia*.

Nessa perspectiva, torna-se importante compreender a relação de forças e a disputa de poder no interior de algumas organizações para entender também como isso afeta a sociedade como um todo.

(2.4) Relações de gênero nas organizações

Outro ponto destacado por Giddens, em sua análise sobre as organizações modernas, diz respeito às relações de gênero no seu interior. Nesse sentido, o autor (Giddens, 2005, p. 293) afirma:

> As sociólogas feministas não apenas se concentraram no desequilíbrio existente entre os papéis de gênero dentro das organizações, mas exploraram as formas pelas quais as próprias organizações modernas haviam se desenvolvido de um modo voltado para o gênero.

Dessa forma, as sociólogas denunciaram, de um lado, que a estrutura burocrática das organizações segmentava as ocupações com base no sexo dos indivíduos, e de outro, que as mulheres que ingressavam no mercado de trabalho acabavam ocupando os cargos de menor remuneração e relacionados às atividades rotineiras. Giddens (2005, p. 293) complementa: "As mulheres foram usadas como fonte de trabalho barato e confiável, mas a elas não foram oferecidas as mesmas oportunidades de construírem carreiras como aos homens".

Com base nesses estudos, podemos evidenciar que existe uma desigualdade de gênero em termos econômicos e de *status* no interior das organizações, o que acaba impactando na própria desigualdade entre homens e mulheres na sociedade. Giddens aponta, basicamente, duas perspectivas de análise a respeito das relações de gênero nas organizações. De um lado está a perspectiva feminista liberal; de outro, a perspectiva feminista radical.

Na perspectiva feminista liberal, o enfoque está no poder e no acesso a ele. Isso significa que a questão central não estava no gênero, e sim na "igualdade de oportunidade e na garantia de que às mulheres seja permitido atingir posições comparáveis às dos homens" (Giddens, 2005, p. 294).

Já na perspectiva feminista radical, o entendimento era diferente: não se acreditava que pudesse haver equilíbrio de poder entre homens e mulheres pela promoção de um número maior de mulheres a postos de trabalho superiores. Para essas feministas, as organizações reproduziam o padrão cultural da sociedade, que está permeada por valores e padrões dominados pelos homens. Portanto, segundo Giddens (2005, p. 294), "as mulheres estariam sempre relegadas a papéis subalternos dentro dessas estruturas".

(2.5) Mudança organizacional

O padrão organizacional imposto a partir do processo de industrialização, tendo como base a estrutura burocrática, passou a não ser a única possibilidade depois da metade do século XX. Nesse sentido, as empresas japonesas foram as pioneiras na mudança organizacional.

Essas organizações apresentam uma estrutura diferente daquela apresentada pelo tipo ideal de burocracia trabalhada por Weber. As suas características são:

a. tomadas de decisões de baixo para cima;
b. menos especialização;
c. segurança no emprego;
d. produção voltada para o grupo;
e. fusão da vida profissional com a vida pessoal.

De acordo com Giddens (2005, p. 297), as organizações que se assemelham demais ao tipo ideal de Weber são provavelmente bem menos eficazes do que aparentam ser no papel, pois não permitem que empregados de posições inferiores desenvolvam um senso de envolvimento e autonomia em relação às tarefas do seu trabalho.

Passou-se a acreditar, então, que a organização burocrática, por ser muito rígida em suas regras, não respondia com eficiência a algumas situações no interior da organização ou na sua relação com a sociedade. Por isso, a nova forma de organização tem por objetivo ser mais flexível no seu processo de funcionamento, tendo como uma de suas premissas básicas o envolvimento ativo dos sujeitos membros dessas organizações não só na execução das tarefas, mas na própria dinâmica reflexiva em torno de seu trabalho e da organização.

(.) Ponto final

Foi possível, com este capítulo, entrar em contato com algumas discussões das ciências sociais sobre as organizações. Nesse sentido, apresentamos a sistematização realizada por Anthony Giddens, por considerá-la adequada para esse debate.

Trouxemos, assim, as discussões sobre:

a. a burocracia e seus desdobramentos;
b. a análise das instituições;
c. a relação entre as organizações e a democracia;
d. as relações de gênero no interior das organizações;
e. a mudança organizacional.

Percebemos, então, que há em comum nas diferentes perspectivas abordadas o interesse em compreender qual o impacto que as organizações produzem na sociedade e que tipos de relações sociais elas empreendem. Para tanto, é necessário entender a dinâmica interna dessas organizações para compreender de que forma elas e a sociedade interagem.

Atividade

1. As análises de Max Weber sobre as organizações levavam em conta o tipo ideal de burocracia organizacional. Indique, entre as respostas, algumas das características encontradas no tipo ideal de burocracia, de acordo com Weber:
   a. Hierarquia de autoridade e de separação entre o trabalho e a vida doméstica.
   b. Separação entre o trabalho e os meios de produção e de flexibilidade.
   c. Regras escritas e decisões baseadas em laços de amizade.
   d. Trabalho parcial e influência da vida pessoal nas decisões no âmbito do trabalho.

(3)

Novas problemáticas
organizacionais

Rochele Fellini Fachinetto é licenciada (2005) e bacharel (2008) em Ciências Sociais e mestre (2008) e doutora (2012) em Sociologia pela Universidade Federal do Rio Grande do Sul (UFRGS). Tem experiência nas áreas de sociologia da educação, sociologia da violência e sociologia jurídica, trabalhando principalmente com as temáticas juventude, violência, privação de liberdade, medidas socioeducativas e gênero.

Rochele Fellini Fachinetto

Este capítulo discute as mudanças organizacionais, levadas a cabo pelas transformações ocorridas no campo da tecnologia informacional. Dessa forma, partiremos de uma contextualização desse debate, retomando algumas noções sobre organizações modernas. Posteriormente, analisaremos o contexto de emergência do processo mais recente de globalização e das transformações na área das novas tecnologias informacionais e como isso influenciou a mudança organizacional. Por fim, apresentaremos novas formas de organização, que têm no conceito de redes a sua maior expressão. Destacamos, portanto, a reflexão sobre as mudanças sociais e como elas influenciam ou já influenciaram importantes transformações nas organizações.

(3.1) Delimitação da abordagem: os antecedentes e o contexto do debate

A contribuição central aos estudos sociológicos das organizações foi de Max Weber. Aron (2003) nos conta que, para Weber, as sociedades modernas caracterizam-se pela dominação burocrática. Isso aconteceu devido a um processo de complexificação crescente das organizações, que demandava uma série de regras e normas para que fosse possível o pleno funcionamento desses sistemas.

A concepção moderna de organizações, como um processo crescente de burocratização, deve ser entendida no contexto em que foi pensada, considerando-se que demandas surgiam e precisavam de respostas adequadas. Porém, é importante considerar que as próprias organizações vão se transformando ao longo do tempo, pois se associam a outros contextos, outras relações sociais se estabelecem e, além disso, avanços tecnológicos também incidem sobre elas. Não são "estruturas" estáticas, dinamizam-se com os processos e as transformações nas relações sociais, na sociedade como um todo.

Foi preciso retornar ao conceito de *burocracia nas organizações*, pois este fornece o substrato de discussão sobre as transformações verificadas nos últimos tempos. A noção de *burocratização racional* tem estreita relação com os processos de mudança que serão discutidos neste capítulo, pois, na medida em que a primeira reivindica uma racionalização da organização, de modo a ser mais eficiente, as transformações ocorridas nesse campo expressam o oposto, ou seja, uma flexibilização no sentido de responder às demandas sociais de transformação e de adaptação das organizações, para melhor adequação às novas necessidades sociais.

Portanto, apresenta-se assim o pano de fundo que norteará esta análise: Como a rigidez da burocracia se relaciona com a necessidade de flexibilização dos sistemas oriunda de mudanças sociais, especialmente as tecnológicas?

Muitos estudos começaram a ser desenvolvidos tendo como base essa discussão. Giddens (2005, p. 287) traz o exemplo de Burns e Stalker, que, em 1966, realizaram uma pesquisa sobre inovação e mudança nas companhias eletrônicas e constataram a eficácia limitada das burocracias em indústrias nas quais ter flexibilidade e estar na vanguarda eram as principais preocupações. Nesse sentido, a burocracia pode ser um empecilho às empresas que necessitam de maior flexibilidade para se adequar às mudanças de mercado.

Com base nesse estudo, Burns e Stalker, citados por Giddens (2005), apontam ainda uma distinção entre organizações mecânicas e orgânicas, sendo que as primeiras são sistemas burocráticos nos quais existe uma cadeia hierárquica de comando e o fluxo da comunicação ocorre verticalmente, por meio de canais definidos. Já as organizações orgânicas caracterizam-se por uma estrutura mais livre e mais adaptada às mudanças, às oscilações do mercado.

(3.2) O contexto das mudanças: a globalização e as novas tecnologias de informação

Durante as últimas décadas, especialmente a partir da década de 1980, a sociedade vem vivenciando uma série de transformações que se originam com base em dois processos interligados: a globalização e o desenvolvimento de novas tecnologias de informação. Esses dois processos são centrais para compreender as transformações ocorridas nas organizações nos últimos anos.

Uma abordagem central nessa discussão é a de Castells (1999), autor de *A sociedade em rede*, que em três volumes discute as transformações tecnológicas e o surgimento de um novo tipo de capitalismo: o informacional. Nessa obra, o autor chama de *revolução informacional* o processo que surgiu nos EUA na década de 1970 e que possibilitou o surgimento de uma nova economia. Para ele, o capitalismo se transforma em informacional e global: informacional, porque a produtividade e a competitividade dependem de sua capacidade de gerar, de processar e de aplicar de forma eficiente a informação baseada em conhecimentos; global, porque as principais atividades produtivas estão cada vez mais organizadas em escala global. Essa nova economia, segundo ele, distingue-se da economia industrial.

Para Castells (1999), a diferença dessa revolução em relação às outras é a sua matéria-prima, que é o conhecimento, e este, por sua vez, não deve ser entendido simplesmente como uma ferramenta a ser aplicada, mas como um processo a ser desenvolvido. Portanto, quando pensamos no complexo que envolve a tecnologia, temos de levar em conta que ela está associada ao processo de conhecimento.

Castells (1999) aponta para o surgimento de um novo paradigma tecnológico: a revolução tecnológica da informação, que, de forma geral, tem como características principais a atuação das tecnologias sobre a informação, a criação de redes, a flexibilidade e a reestruturação das organizações sociais, entre outras.

Diante desse contexto de globalização da economia, do surgimento de um novo mercado e da explosão das novas tecnologias de informação e comunicação, as organizações são desafiadas e veem-se diante da necessidade de incorporar as mudanças estimuladas por essas transformações.

Nesse sentido, verificamos que o tipo ideal burocrático como a única forma de dirigir organizações – com a ideia de uma hierarquia clara de autoridade, poder e conhecimento centrados no topo – preconizado por Weber começa a perecer e tem início uma tendência de menor burocratização. Conforme aponta Giddens (2005, p. 296), "afastando-se de estruturas de comando vertical rígidas, muitas organizações voltam-se para modelos 'horizontais', colaborativos, a fim de ganharem maior flexibilidade e responderem melhor aos mercados flutuantes". Os dois principais fatores que estimularam essas empresas, segundo Giddens (2005, p. 295), foram a globalização e o crescimento da tecnologia da informação.

> Todos os tipos de organização defrontam-se com a necessidade de se tornarem mais flexíveis, eficientes e competitivas na economia global atual. Esse desafio está afetando as organizações em todos os níveis, dos processos de produção e das relações entre os operários até o uso da tecnologia e as práticas de gerenciamento.

Essa série de transformações no campo das tecnologias informacionais e de comunicação coloca um desafio para as organizações e passa a ser crucial para a sua sobrevivência: que elas incorporem ou se adaptem a esse novo contexto.

Entretanto, Giddens (2005, p. 298) já alertava para o fato de que "os processos globalizantes que tanto são gerados por essas tecnologias, como são a força motriz que está por trás delas, estão servindo também para transformar o próprio formato de muitas organizações". Sendo assim, entendemos que é necessário procurar compreender o processo de globalização imbricado às transformações informacionais, e não em termos de quem determinou um e quem foi determinado pelo outro. Essa visão relacional também é importante para pensarmos as próprias organizações, não meramente como determinadas pela totalidade social, mas também como propulsoras de transformações sociais.

(3.3) Os pioneiros no processo de mudança: o modelo japonês

Conforme aponta Giddens (2005, p. 296), as empresas japonesas foram as pioneiras de muitas mudanças que depois se espalharam pelo resto do mundo. O autor ainda traz as principais características do modelo japonês, pelas quais é possível identificar profundas mudanças em relação ao modelo burocrático racional de Weber, como, por exemplo, a tomada de decisões de baixo para cima, menos especialização, segurança no emprego, produção voltada para o grupo e fusão da vida profissional com a vida privada.

A crítica do autor às organizações burocráticas deve-se ao fato de que são menos eficazes, pois sua estrutura hierárquica e controlada acaba distanciando os trabalhadores, impedindo que desenvolvam um senso de envolvimento e de autonomia, enquanto nas empresas mais flexíveis são justamente essas características que passam a ser valorizadas.

Foi em decorrência desses fracassos das empresas mais burocráticas que, a partir dos anos 1980, teve início um processo de expansão do modelo japonês para muitas organizações ocidentais, que começaram a introduzir novas técnicas de gerenciamento justamente na linha em que se concentrou toda a mudança desse modelo. Giddens (2005, p. 297), ressalta que, naquele momento, duas abordagens principais da teoria do gerenciamento começaram a se popularizar: o gerenciamento de recursos humanos (GRH), que considera a mão de obra de uma empresa vital para a competitividade econômica, e a abordagem da cultura empresarial ou cultura corporativa, bastante ligada ao GRH, pois procura estimular rituais e eventos próprios da empresa, com o intuito de promover maior envolvimento dos trabalhadores.

Há outra dimensão importante que precisa ser considerada nesse processo de mudança organizacional e, nesse sentido, é necessário retomar o papel da tecnologia e do novo padrão comunicacional. O surgimento da internet foi fundamental para transformar o padrão de comunicação das empresas, pois isso possibilitou a realização de negócios e transações *on-line*, alterando significativamente tanto o "tipo" de relações, que passaram a ser também realizadas de forma virtual, quanto a própria estrutura das organizações. Conforme assinala Giddens (2005, p. 298), "as grandes organizações de hoje 'não estão em nenhum lugar' consistindo em tamanha quantidade de indivíduos e grupos espalhados como de agrupamento de pessoas que trabalham no mesmo espaço físico em prédios e escritórios".

Nesse ponto, é pertinente ressaltar a importância da análise sociológica sobre esses fenômenos, pois, considerando essa questão específica, os aspectos centrais que precisam ser levados em conta são a mudança organizacional e a mudança social. Dito de outro modo, como o contexto de transformações no mundo – globalização e tecnologias informacionais – transformam o padrão de comunicação e a própria estrutura das organizações.

É interessante também acrescentar, conforme problematiza Giddens (2005, p. 297), como essas mudanças também se verificam nos "padrões de trabalho", por meio de trabalhos mais flexíveis, nos quais cada indivíduo traça sua carreira, podendo trocar várias vezes de emprego durante sua trajetória, e não mais ter um único trabalho e um único empregador, como era comum anteriormente; o trabalho feito em casa, com auxílio da tecnologia; o trabalho em equipe e com horário flexível.

A emergência desse novo padrão de comunicação, com a própria alteração dos conceitos de tempo e espaço – já que pode ser mais rápido estabelecer contato com alguém que está do outro lado do mundo do que com o vizinho – também questiona a atuação dos Estados-nações como centralizadores e responsáveis por determinadas ações. Para Giddens (2005, p. 299), as modernas tecnologias de comunicação têm dificultado cada vez mais e até impossibilitado os Estados de exercerem controle e influência sobre o fluxo de informações que atravessa suas fronteiras.

Porém, ao mesmo tempo em que se aponta para um menor papel do Estado no controle dessas informações, não é possível dizer o mesmo em relação às empresas, que passam a contar com novos dispositivos de controle dos seus funcionários.

(3.4) As novas tecnologias como mecanismo de controle e de vigilância

As mudanças tecnológicas possibilitam um novo modo de comunicação entre organizações e até mesmo nos processos intraorganizacionais. A comunicação via meios eletrônicos adquire papel central nas empresas que incorporam esses padrões mais flexíveis de organização, tornando-se cada vez mais intensa.

Em seus trabalhos sobre as organizações modernas, Weber apontava a importância dos arquivos e dos registros nesses estabelecimentos para o seu próprio desenvolvimento. Segundo Weber, citado por Giddens (2005, p. 284), uma organização precisa de regras escritas para seu funcionamento e de arquivos nos quais sua memória seja armazenada.

Dessa forma, ele enfatiza a questão do controle sobre os indivíduos no sentido de facilitar a própria organização da empresa em seus procedimentos. A noção de controle sobre as práticas dos indivíduos fica mais explícita na obra de Michel Foucault (1987), que analisa a arquitetura dos espaços e das organizações modernas, especialmente as prisões, mostrando como essa estrutura contribuía para a vigilância, o controle e a disciplina dos indivíduos.

Entretanto, com essa nova forma de organização, em novos padrões de tempo-espaço, as próprias inovações tecnológicas também podem ser pensadas como dispositivos de controle dos funcionários. Nesse sentido, há um "outro lado" dessa revolução informacional que precisa ser refletido com mais cautela, pois para além de buscarem maior eficiência dos sistemas, as novas tecnologias acabam favorecendo o controle e a vigilância dos indivíduos nas organizações, muitas vezes, com o argumento de garantir maior produtividade do trabalhador. Conforme Giddens (2005, p. 291),

A difusão da tecnologia da informação no local de trabalho despertou novas preocupações importantes sobre a vigilância. Os empresários conseguem monitorar os empregados em seu uso do correio eletrônico e da internet, por meio de programas que escaneiam e-mails pessoais e registram os sites visitados na internet e o tempo de permanência nestes.

O autor também aborda, e nesse ponto concorda com Weber, a radicalização das formas modernas de organizações e o avanço do controle de informações, que poderia levar a um enfraquecimento da democracia. Nas palavras de Giddens (2005, p. 293):

> O enfraquecimento da democracia com o avanço das formas modernas de organização e de controle de informações foi um ponto de grande preocupação para Weber. O que especialmente o incomodava era a perspectiva de um governo feito por burocratas anônimos. Como é possível a sobrevivência da democracia diante do poder cada vez maior que as organizações burocráticas exercem sobre nós?

Embora a preocupação de Weber – centrada na ideia de uma burocratização radicalizada impedindo o desenvolvimento da democracia – fosse distinta daquela que se adquiriu atualmente em relação à possibilidade de controle informacional sobre os indivíduos, a categoria controle é chave em ambas as situações. Isso porque tanto num processo de burocratização radical das organizações quanto numa empresa cujas informações e relações são extremamente controladas os indivíduos encontram-se na mesma situação de subjugação ante um poder maior.

E é justamente essa dimensão da intensa burocratização, de uma organização muito rígida ou mesmo de um controle muito intenso sobre os trabalhadores (controle de informações) que pode gerar grandes dificuldades, pelo controle excessivo, pela supervisão e pela exigência, produzindo o distanciamento e o não envolvimento dos trabalhadores.

(3.5) As organizações em rede

A reordenação das noções de espaço-tempo nas relações entre indivíduos e organizações, possibilitada com o uso das novas tecnologias informacionais, altera também a própria configuração das empresas como portadoras de uma estrutura física. O que se busca enfatizar é que, hoje em dia, não é mais possível pensar unicamente numa empresa com sua dimensão física: as empresas não estão mais em algum lugar, mas podem estar em vários, por meio de redes. Para Giddens

(2005, p. 299), "é cada vez maior o número de organizações a descobrirem que suas operações funcionam melhor quando estão ligadas a uma rede de relações complexas com outras relações e empresas".

Castells, citado por Giddens (2005, p. 299), destaca que é cada vez mais impossível para as organizações, sejam elas grandes corporações ou pequenas empresas, sobreviver sem fazer parte de uma rede. Para Castells, ocorre cada vez mais um processo de desintegração da burocracia tradicional racional. O autor (Castells, 1999, p. 498) define *redes* da seguinte forma:

> Redes são instrumentos apropriados para a economia capitalista baseada na inovação, globalização e concentração descentralizada; para o trabalho, trabalhadores e empresas voltadas para a flexibilidade e adaptabilidade; para uma cultura de desconstrução e reconstrução contínuas; para uma política destinada ao processamento instantâneo de novos valores e humores públicos; e para uma organização social que vise à suplantação do espaço e invalidação do tempo.

Giddens (2005, p. 299) apresenta alguns exemplos dessas novas formas de organização. O primeiro é o caso da empresa Benetton, que subcontrata, de sua sede na Itália, uma variedade de fabricantes para executarem pedidos de produtos com base nas demandas de suas franquias em todo o mundo, conforme a necessidade. A Benetton também possui cinco mil pontos de venda em todo o mundo, que são franquias de indivíduos que não são empregados diretamente pela empresa. Tudo isso é possível por meio da rede de computadores. Outro exemplo trazido por Giddens (2005, p. 299) é quando uma grande corporação deixa de ser uma grande empresa para se tornar uma "rede de empreendimentos", como é o caso da International Business Machines (IBM), que no início dos anos 1990 uniu-se a mais de 80 firmas estrangeiras.

Dessa forma, a descentralização, segundo Giddens (2005, p. 300), é outro processo que contribui para que as organizações funcionem como redes, pois, ao adotarem uma forma mais flexível de atuar, as empresas que possuem uma centralização muito forte acabam enfrentando maiores dificuldades, sendo que a opção pela descentralização torna-se mais adequada.

(3.6) Burocratização ou desburocratização: as diversas interpretações

Todos esses processos de transformação pelos quais as organizações passaram trazem à tona uma questão que é essencial no debate sobre essa temática de estudos. Para Giddens (2005, p. 300), a discussão central que está em jogo no campo da sociologia das organizações é saber "se o que estamos testemunhando é o declínio das burocracias ao estilo weberiano – o processo de desburocratização – ou se as burocracias continuam sendo a típica forma organizacional dentro da sociedade".

Esse é um debate bastante caro à sociologia das organizações, mas existem muitas divergências de posições em relação à maneira como essas transformações são interpretadas pelos sociólogos. Diante disso, Giddens (2005, p. 300--301) apresenta três diferentes formas de interpretar o que vem acontecendo no campo das organizações. É importante ressaltar que todas essas leituras mais contemporâneas das mudanças nas organizações fazem referência aos estudos de Weber, o que mostra como as suas contribuições ainda são bastante pertinentes nessa análise.

A primeira abordagem sobre o tema, trazida por Giddens (2005, p. 300), é de Henry Mintzberg (1979), como veremos adiante, no Capítulo 7. Para esse autor, não existe um único modelo burocrático, mas, sim, várias estruturas organizacionais que atendem a necessidades diferentes. Há quatro tipos de burocracia tradicional, mais ligadas a contextos de mercados estáveis, sendo, todas elas, variações do modelo weberiano de burocracia. Entretanto, ele aponta ainda outra forma de organização: a adocracia, que se adapta melhor a contextos de transformação acelerada, justamente por seu formato mais mutável, flexível e aberto a novas abordagens e formas de atuação.

Em outra leitura sobre o fenômeno, Giddens (2005) traz a abordagem de Stuart Clegg (1990), que se contrapõe à concepção de burocratização de Weber. Para o autor, o tipo ideal weberiano não se realizou e as mudanças ocorridas no campo organizacional deram origem à "organização pós-moderna". Ele argumenta que valores e estilos de vida inerentes a culturas específicas afetam o modo de funcionamento das organizações, e que foi isso que esmagou o impulso em direção à racionalização e à eficiência. Como exemplo, ele cita o caso das padarias francesas, que não incorporaram o processo de produção em massa para manter a produção em pequena escala.

Por fim, faz-se menção a uma abordagem que reitera a leitura de Weber, que é o caso de George Ritzer. Segundo ele, o que está ocorrendo é a "McDonaldização" da sociedade, ou seja, não há uma tendência à desburocratização, mas o princípio dos restaurantes *fast-food* vem se expandido em larga escala, na lógica da eficiência, da calculabilidade, da uniformidade e do controle por meio da automação. E isso, na interpretação de Ritzer, está tornando nossa sociedade cada vez mais racionalizada, a mesma previsão que tanto preocupava Weber.

(.) Ponto final

De forma geral, este capítulo procurou mostrar como, nos últimos anos, as organizações começaram a se reestruturar no sentido de uma maior flexibilização e menor burocratização. Essa tendência teve início com o modelo japonês de gerenciamento, que posteriormente se expandiu para outras organizações. Também enfatizamos como as novas tecnologias da informação tiveram um papel central nesse processo de mudança organizacional, alterando seu modo de funcionamento, suas estruturas e suas práticas. As próprias noções de tempo e espaço se reconfiguram, trazendo à tona um novo modelo de organização, mais flexível e mais descentralizado: as redes. O debate em torno do significado desse processo de mudança não está definido, pois há autores que acreditam que essas transformações representam o fim da burocratização, enquanto outros interpretam que a burocratização e a racionalização da sociedade são cada vez mais intensas, mostrando que esse campo de discussão ainda está em disputa.

Atividade

1. O contexto que influenciou decisivamente a mudança nas organizações contemporâneas pode ser identificado pela observação de dois fenômenos interligados, que são:
   a. a descentralização das empresas e a emergência dos ciberespaços.
   b. a criação da Bolsa de Valores e a junção de grandes corporações transcontinentais.
   c. o processo mais recente de globalização e as novas tecnologias informacionais, oriundas da revolução informacional a partir da década de 1970, nos EUA.
   d. o fracasso das organizações burocráticas modernas e a falência de muitas empresas que não se adequaram aos novos modelos de gestão.

(**4**)

Setores organizacionais:
estrutura e função

Fabiela Bigossi é bacharel (2005) e licenciada (2008) em Ciências Sociais e mestre em Antropologia Social (2008) pela Universidade Federal do Rio Grande do Sul (UFRGS). Tem experiência na área de antropologia, com ênfase em antropologia urbana e antropologia visual, e pesquisou trajetórias e projetos de vida de universitários negros. Realiza pesquisas sobre envelhecimento e aposentadoria.

Neste capítulo, apresentaremos os três setores organizacionais em relação aos seus objetivos explícitos. Para isso, foi importante reconstituirmos o ponto de vista teórico segundo o qual se posiciona o argumento central do texto. Posteriormente, situaremos o debate em torno da estrutura e da função das organizações e, em seguida, apresentaremos exemplos de organizações em cada um dos setores: público, privado e terceiro setor.

(4.1) Ponto de vista antropológico

A análise das questões pertinentes aos estudos sobre as organizações é realizada aqui com base no ponto de vista antropológico. Conforme Sahlins (1979), é importante situar que as primeiras teorias organizacionais foram pautadas pelas razões prática e instrumental, marcadas pelo utilitarismo, que buscava racionalizar todas as atividades humanas em prol dos interesses a serem perseguidos. O que a antropologia e outras ciências sociais propõem é uma retomada dos aspectos subjetivos para a análise das organizações. Segundo Bonazzi, citado por Peci (2002), "o encontro com a antropologia cultural e a sociologia urbana fez com que a pesquisa etnográfica, método antropológico por excelência, começasse a ser utilizado cada vez mais como instrumento de pesquisa organizacional". Dessa forma, o ator social torna-se a figura principal, por meio da qual se compreende as organizações.

(4.2) Estrutura e função das organizações

A distinção entre os três setores sociais se faz pela função desempenhada por eles na vida social contemporânea. O primeiro setor, o público, tem como objetivo central e parâmetro de avaliação a busca pelo bem comum e a produção de direitos. O segundo setor, o privado, tem como meta central a produção de riqueza e a obtenção do lucro, fazendo isso por meio da defesa do interesse privado. Segundo Dias (2008, p. 31), o terceiro setor tem como objetivo principal a realização de serviços nas áreas que a administração pública não consegue atender sozinha. Para isso, realiza interesses privados, mas de forma solidária, sem ter como meta a obtenção do lucro.

Conforme a definição apresentada por Dias (2008), observamos que as organizações públicas têm como função principal a prestação de serviços para o bem comum. Importante para a sociedade, esse tipo de organização é constituído por decisões políticas – mais ou menos democráticas – que são atravessadas por relações de poder.

As evidências da importância dessas relações de poder na constituição das organizações públicas estão tanto na estrutura hierárquica quanto na relação entre os níveis de decisão e de execução. A democratização dessas relações se faz necessária para que as metas centrais de bem-estar comum sejam devidamente cumpridas.

As organizações privadas, por sua vez, têm como função central a atividade econômica, ou seja, a produção de capital, bens e serviços passíveis de serem trocados no mercado. As exigências dessa esfera do mundo social direcionam os esforços dos agentes privados para a obtenção do lucro. Nesse setor, a agência individual (do empreendedor) e coletiva (de uma categoria empresarial) torna-se importante na definição de condições de produção, distribuição, consumo e troca. As capacidades produtiva, inovadora e política condicionam a vida social imediata e os projetos de desenvolvimento de longo prazo das sociedades em que o mercado assume papéis importantes na condução e mediação das relações sociais.

As organizações do terceiro setor, por sua vez, são caracterizadas pela busca de objetivos de caráter solidário, distinguindo-se pela participação voluntária, com relações potencialmente menos hierárquicas e mais flexíveis entre seus membros. O terceiro setor distingue-se do público por ter caráter privado e não generalista, e aproxima-se deste pela busca do bem comum. Diferencia-se do privado por não ter como objetivo central a obtenção de lucro e por atender às demandas sociais e produzir resultados de forma solidária, ao mesmo tempo em que se aproxima deste pela conjunção de interesses privados atendidos.

Autores como o alemão Renate Maintz (1984) e o norte-americano Charles Perrow (1991) apontam diferentes perspectivas para a definição das organizações, conforme os objetivos aos quais se propõem a cumprir.

(4.3) Primeiro setor: produção de direitos

Conforme Dias (2008), as organizações públicas estão inseridas num setor que tem como principal objetivo prestar serviços à sociedade. O cumprimento das funções públicas se faz na direção do atendimento aos direitos constitucionais dos cidadãos que sustentam e dependem do Estado.

O debate sobre o setor público na atualidade está centrado na perseguição de metas de eficiência da máquina pública e de melhor atendimento às demandas sociais. As organizações públicas podem ser consideradas sistemas dinâmicos, complexos, interdependentes e inter-relacionados coerentemente, envolvendo informações e seus fluxos, estruturas organizacionais, pessoas e tecnologias.

Pelas relações e competição políticas, as organizações públicas são as mais vulneráveis à interferência do poder político, visto que são gerenciadas pelo poder público, diretamente condicionado pelo grupo ocupante do governo numa dada conjuntura. Isso implica dizer que, apesar da relativa autonomia que possuem na direção das suas atividades, os objetivos iniciais são impostos por um governo comprometido com um projeto político e com grupos sociais.

Um bom exemplo de organização pública é a escola básica. Sua meta central é garantir o direito à escolarização universal das novas gerações, seguindo os padrões culturais de um dado tempo histórico. Ela faz isso por meio da coordenação de diversas instituições espalhadas por todas as cidades e regiões do país. Dessa forma, presta um serviço e garante um dos direitos básicos de cidadania.

O que garante que esse serviço seja realizado são os recursos recebidos pelas instituições públicas, as decisões políticas hierárquicas de aplicação desses recursos, a coordenação de funcionários especializados e a mobilização social, comunitária e familiar, que possibilita que as escolas públicas funcionem e atendam aos objetivos propostos.

Como um direito social, a oferta de educação básica é responsabilidade do Estado, podendo ser oferecida também pela iniciativa privada, desde que dentro das normas estabelecidas para o setor. As influências políticas na educação são sentidas pelas diferentes concepções de Estado e de educação que circulam entre as esferas de poder.

A educação é um direito, um serviço, um investimento, uma forma de manter a ordem ou um gasto? Distintas concepções de sociedade representadas pelos partidos políticos e por projetos sociais respondem de forma diferente a essa pergunta.

Segundo Chaui (2003), há aqueles que tomam a educação pelo prisma de que não se trata de um privilégio ou de um serviço prestado, mas que a consideram, de fato, como direito de todo cidadão. Há os que utilizam a precariedade com que ela foi universalizada para atacar o Estado como um todo e defender a concepção competitiva e de prestação de serviços.

O tipo de estrutura apresentada na burocracia estatal tende a ser aplicado a qualquer organização pública, inclusive escolas. São algumas características: estrutura razoavelmente padronizada, hierarquia rígida, pouca flexibilidade para tomada de decisões de baixo para cima, dependência de decisões político-governamentais e pouca autonomia para produção de iniciativas.

Por mais que haja importantes avanços e experiências inovadoras nessa área, que indicam a possibilidade real de construção de alternativas democráticas e emancipatórias, ainda predominam as práticas aqui mencionadas. Segundo Pires e Macedo (2006, p. 3),

> No contexto das organizações públicas, a luta de forças se manifesta entre o "novo e o velho", isto é, as transformações e inovações das organizações no mundo contemporâneo ante uma dinâmica e uma burocracia arraigadas. As organizações públicas se deparam com a necessidade do novo tanto em aspectos administrativos quanto em políticos. Mais que isso, necessitam criativamente integrar aspectos políticos e técnicos, sendo essa junção inerente e fundamental para as ações nesse campo. Entretanto, essa busca de forças torna-se necessária para se conduzir a uma reflexão, onde se possa obter as melhores estratégias para descrever organizações públicas capazes de atingir seus objetivos, que consistem em serviços eficientes à sociedade.

Com as características anteriormente descritas, atuando em um contexto globalizado e apresentando as lacunas de universalização qualificada de direitos ao longo da história do país, indicamos que os resultados das organizações públicas no Brasil deixam a desejar e podem impactar negativamente os processos democráticos.

O exemplo de uma escola pública típica como organização do primeiro setor nos parece adequado para os objetivos do capítulo. Aparentemente coerente e capaz de produzir dinâmicas educacionais eficientes, a estruturação de uma escola precisa permitir a interlocução dos diferentes níveis, com fluxos decisórios dos níveis hierárquicos mais baixos aos mais elevados, de forma a garantir a eficácia do atendimento ao público e a ser uma organização produtora de direitos, e não reforçadora de privilégios.

Figura 4.1 – Estruturação básica de uma escola pública típica

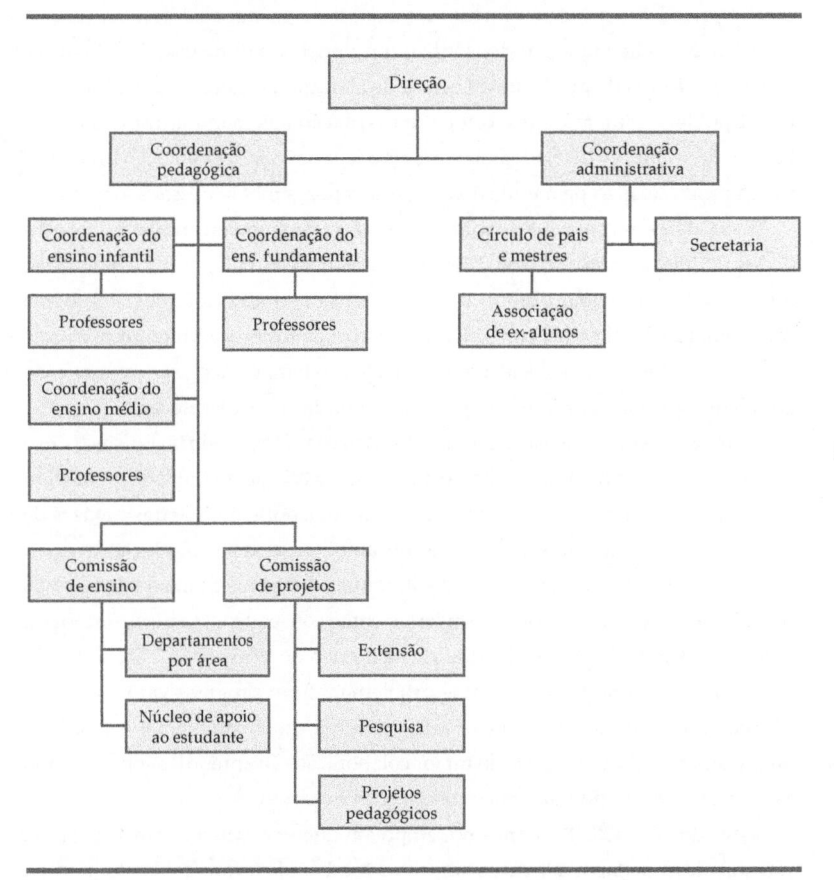

```
                              ┌─────────┐
                              │ Direção │
                              └─────────┘
                    ┌──────────────┴──────────────┐
            ┌──────────────┐              ┌──────────────┐
            │ Coordenação  │              │ Coordenação  │
            │  pedagógica  │              │administrativa│
            └──────────────┘              └──────────────┘
   ┌──────────┬────────────┐               ┌──────────┬──────────┐
┌─────────┐ ┌─────────┐              ┌──────────┐ ┌──────────┐
│Coord. do│ │Coord. do│              │Círculo de│ │Secretaria│
│ ensino  │ │  ens.   │              │ pais e   │ └──────────┘
│infantil │ │fundament│              │ mestres  │
└─────────┘ └─────────┘              └──────────┘
    │           │                         │
┌─────────┐ ┌─────────┐              ┌──────────┐
│Professo-│ │Professo-│              │Associação│
│  res    │ │  res    │              │de ex-alun│
└─────────┘ └─────────┘              └──────────┘
┌─────────┐
│Coord. do│
│ ensino  │
│  médio  │
└─────────┘
┌─────────┐
│Professo-│
│  res    │
└─────────┘
    ┌───────┴───────┐
┌─────────┐   ┌─────────┐
│Comissão │   │Comissão │
│de ensino│   │de projet│
└─────────┘   └─────────┘
    │              │
┌──────────┐  ┌─────────┐
│Departame-│  │Extensão │
│ntos por  │  └─────────┘
│  área    │
└──────────┘  ┌─────────┐
┌──────────┐  │Pesquisa │
│Núcleo de │  └─────────┘
│apoio ao  │
│estudante │  ┌─────────┐
└──────────┘  │Projetos │
              │pedagógic│
              └─────────┘
```

As diferentes áreas funcionais da escola (diretoria, secretaria, serviço pedagógico, funcionários de limpeza e alimentação, bibliotecários, professores) cumprem uma série de atividades necessárias ao atendimento das metas e dos objetivos da organização. Mas, para que a escola seja eficiente, é fundamental a produção de organicidade entre as diferentes áreas. Isso depende da articulação entre corpo docente, funcionários, direção, pais e estudantes.

(4.4) Segundo setor: eficiência e satisfação a serviço da lucratividade

O setor privado é o que denominados *segundo setor organizacional*. Tomemos como exemplo, para elucidar as discussões aqui propostas, a indústria. A indústria é a principal forma de produção de bens e de riqueza na história contemporânea. Esse tipo de organização teve origem na evolução das manufaturas típicas da Europa do século XVIII. Na Inglaterra, país em que surgiu a Revolução Industrial, foram produzidas as primeiras máquinas a vapor, símbolo dessa fase histórica.

Silva (2002) nos conta que, teoricamente, o desenvolvimento industrial foi estudado por diversos autores e sob diferentes perspectivas. Entre os principais estão Frederick Taylor, o qual propunha, na sua administração científica, a máxima fragmentação do trabalho, com repetição contínua dos procedimentos por parte dos trabalhadores, além de cálculo e controle dos tempos necessários para cada atividade, para que a produtividade fosse mantida em níveis elevados.

Henry Ford foi o empresário que aprofundou os princípios do taylorismo com o aumento do controle sobre o trabalho, por meio da criação da linha de montagem. Esse sistema se caracteriza pela articulação de transporte por esteiras capazes de mecanizar a circulação das mercadorias durante o processo de produção.

O taylorismo e o fordismo se aproveitaram de forma maximizada da força de trabalho contratada. Essas práticas tiveram como consequência a insatisfação progressiva dos trabalhadores, identificada na década de 1960 por Eric Trist.

Como formas de contornar esse problema, foram progressivamente incentivadas: a participação dos funcionários na resolução de problemas específicos do processo produtivo – gerando maior colaboração –, a aprendizagem contínua, as margens de autonomia, o reconhecimento e o apoio.

Segundo Silva (2002), ao mesmo tempo em que se desenvolviam as práticas sociotécnicas, no Japão algumas empresas também levavam em conta o potencial do conhecimento prático e técnico dos trabalhadores para racionalizar seus processos produtivos. Tais práticas desencadearam melhorias contínuas nos processos de produção.

Essas transformações na estrutura organizacional industrial produziram uma realidade plural entre as indústrias na atualidade. Convivem no mesmo espaço indústrias organizadas por modelos tayloristas/fordistas e indústrias que seguem os modelos sociotécnico e japonês. E não são incomuns os casos em que convivem dentro da mesma indústria aspectos fordistas e japoneses. Desse modo, não há um padrão predominante de organização do trabalho. Os resultados obtidos revelam uma correlação positiva entre maior eficiência e qualificação dos trabalhadores, além de menor verticalização das relações de trabalho.

Sobre a base de produção menos flexível e mais hierarquizada, ainda predominante na maioria das indústrias de setores em que há média aplicação de tecnologia, exemplificamos com uma indústria de vestuário.

Figura 4.2 – Organograma de uma indústria de vestuário

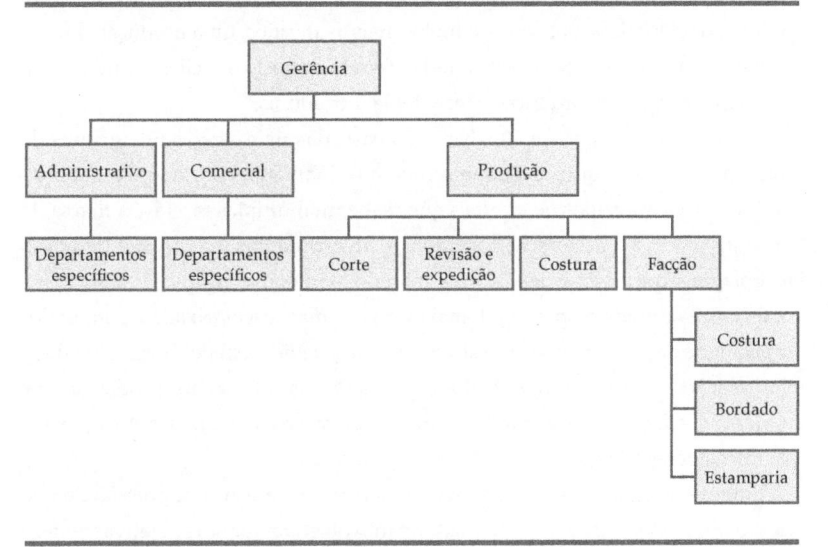

```
                        Gerência
         ┌─────────────────┼─────────────────┐
  Administrativo       Comercial          Produção
     │                    │         ┌────┬────┬────┬────┐
Departamentos       Departamentos  Corte Revisão e Costura Facção
 específicos         específicos         expedição
                                                    ├── Costura
                                                    ├── Bordado
                                                    └── Estamparia
```

Numa indústria desse tipo há uma forte hierarquização. Os diferentes departamentos – administrativo, comercial e produtivo – estabelecem fluxos de produção e de decisão de modo a comunicar as ordens da gerência até a linha de produção.

Esse organograma revela como característica dessa indústria uma hierarquização definida pelos diferentes departamentos, que estabelecem os fluxos de produção e de decisão. Notamos que não há espaço na estrutura para o incentivo e a avaliação das inovações propostas pelos trabalhadores.

Numa fase caracterizada como Terceira Revolução Industrial, na qual os agentes que atuam nas diversas indústrias passaram a ser fonte de maior interesse das gerências, por elas acreditarem que são os colaboradores que possibilitam vantagens competitivas nas organizações, é notável indicar que as modernas empresas flexíveis não são hegemônicas, apesar de ganharem espaço progressivamente.

Na atual fase, o agente tende a ser progressivamente o foco das atenções, especialmente nos estudos aplicados, voltados para a observação e para a descoberta de soluções que possam maximizar lucros, diminuir custos de produção e satisfazer a todas as necessidades dos clientes.

Segundo Pires e Macedo (2006), paradoxalmente, foi nesse período também que o homem perdeu ainda mais espaço para a automação. Essas necessidades geraram transformações, complexificando o ambiente que era marcado pelos avanços tecnológicos e científicos, pelas mudanças de conceitos e de valores e pela quebra de paradigmas que norteavam os segmentos da sociedade. Diferenciando-se do setor público, o setor privado pós-Terceira Revolução Industrial possui, entre outras características, nos seus exemplos mais avançados, uma produção flexível e diversificada, orientada pela demanda e focada no gosto dos clientes, utilizando, para isso, técnicas de produção e tecnologia inovadoras.

A produção e as práticas flexíveis são baseadas na existência de grupos de trabalho não hierarquizados, que recebem treinamento contínuo em habilidades gerais, e em grupos ou equipes que realizam múltiplas tarefas. A marca da produtividade é a aceleração, devido aos investimentos e à difusão de novas tecnologias; com isso, exige-se uma mão de obra com múltiplas habilidades – mais criativa, mais responsável, mais versátil, mais escolarizada e com maior capacidade de se adaptar às inovações. Também devido à maior horizontalidade das relações, há o envolvimento dos empregados na solução dos problemas, tornando a gestão da mão de obra mais democrática e participativa, ainda que não de forma generalizada.

Embora as características apresentadas possam causar a impressão de que existe uma valorização do trabalhador, tanto objetiva quanto subjetivamente, é importante atentar para o lado nem sempre aparente desse discurso de valorização do empregado na indústria. Ao mesmo tempo em que é reforçado, discursivamente, o papel do trabalhador como cidadão inserido em uma democracia organizacional, parte-se, concomitantemente, do pressuposto da incapacidade de pessoas que precisam ser "regidas" pela organização, que sabe o que é "melhor" para elas. Segundo Saraiva et al. (2002, p. 44), "essa retórica precisa ser utilizada aparentemente para dar suporte à ideia de que a organização é um ambiente compartilhado equitativamente por todos, a fim de reforçar as imagens de harmonia e igualdade, necessárias à noção de cooperação e de melhores resultados".

Tomando como base o que escrevem esses autores, fica a tarefa de avaliar o segundo setor organizacional de forma crítica, analisando os discursos e a realidade oculta por trás desses mesmos discursos, que permitem que o trabalhador sinta-se integrante e parte imprescindível da empresa. Entretanto, o que o discurso oculta é que essa necessidade é para que o trabalhador submeta-se cada vez mais ao trabalho, de forma complacente, carregando consigo o valor-trabalho acima de qualquer outro valor e diminuindo, consequentemente, seu senso crítico e seu poder associativo junto aos demais que se encontram na mesma situação.

(4.5) Terceiro setor: serviços e produção solidária

A construção de um terceiro setor surge com a ideia de diferenciá-lo da ação do Estado e do mercado, tanto no que se refere à estrutura como também à esfera de atuação. O terceiro setor, de acordo com Aguiar e Martins (2004, p. 2), é a "base para o que tem sido rotulado como uma 'revolução associativa global', com a proliferação de inúmeras organizações da sociedade civil, sem fins lucrativos, com gestão privada, mas fins públicos".

Desse modo, as organizações que compõem esse setor são privadas, mas não visam o lucro, geram bens e serviços públicos e privados. Elas se unem aos demais setores no que diz respeito ao tipo de prestação de serviço, à sua função, porém diferenciam-se na estrutura organizacional interna.

A visão dicotômica entre público e privado passa a ser substituída por uma série de combinações entre essas esferas. Como nos explicam Bresser-Pereira e Grau (1999, p. 2):

> *O setor produtivo público não-estatal é também conhecido por terceiro setor, setor não governamental, ou setor sem fins lucrativos. Por outro lado, o espaço público não estatal é também o espaço da democracia participativa ou direta, ou seja, é relativo à participação cidadã nos assuntos públicos.*

É crescente a expectativa sobre o papel das organizações do terceiro setor. De acordo com Aguiar e Martins (2004, p. 2), o que é certo afirmar, por ora, é que elas "apresentam um caráter bastante difuso e existe uma dificuldade na classificação dessas entidades, já que são caracterizadas por negação e contraponto aos setores tradicionais – não lucrativas e não governamentais. Isso dificulta o estabelecimento de uma tipologia de funcionamento que contemple de forma mais geral essas organizações".

Tomemos como exemplo prático para nossa análise as organizações não governamentais (ONGs). As organizações desse setor têm como objetivo o desenvolvimento político, econômico, social e cultural no meio em que atuam. Surgiram, sob essa denominação, no fim da Segunda Guerra Mundial, e no Brasil, a partir da década de 1960, para defender direitos e atuar em frentes assistencialistas, cumprindo o papel, na maioria das vezes, que o primeiro setor deveria cumprir. As ONGs podem receber financiamento governamental, assim como da iniciativa privada, para a execução de seus projetos.

Aguiar e Martins (2004, p. 2) destacam o trabalho de Salamon, que procura elucidar algumas características comuns às ONGs que pesquisou em diversas partes do mundo:

> 1. *realizam funções de serviço, quais sejam: prover bens coletivos que somente uma porção da comunidade deseja suportar, adaptar políticas gerais às circunstâncias e necessidades locais, promover inovação e endereçar necessidades não satisfeitas;*
> 2. *incorporam valores nacionais fundamentais que enfatizam iniciativas que busquem propósitos públicos, além de promoverem pluralismo, diversidade e liberdade;*
> 3. *além de resolverem os próprios problemas, tais entidades são peças fundamentais ao mobilizarem uma maior atenção pública para problemas e necessidades sociais; e*
> 4. *criam e sustentam o que se conhece por capital social. Consequentemente, estruturas organizacionais que permitam que essas entidades desenvolvam suas atividades de forma eficaz têm importância não apenas econômica, como também e, principalmente, social.*

A questão atual que permeia o funcionamento das ONGs é como fazer para melhorar a sua estrutura organizacional e seus problemas de gestão, de modo que possam cumprir suas demandas, especialmente as sociais, com maior eficiência, apesar da limitação de recursos financeiros, materiais e humanos disponíveis.

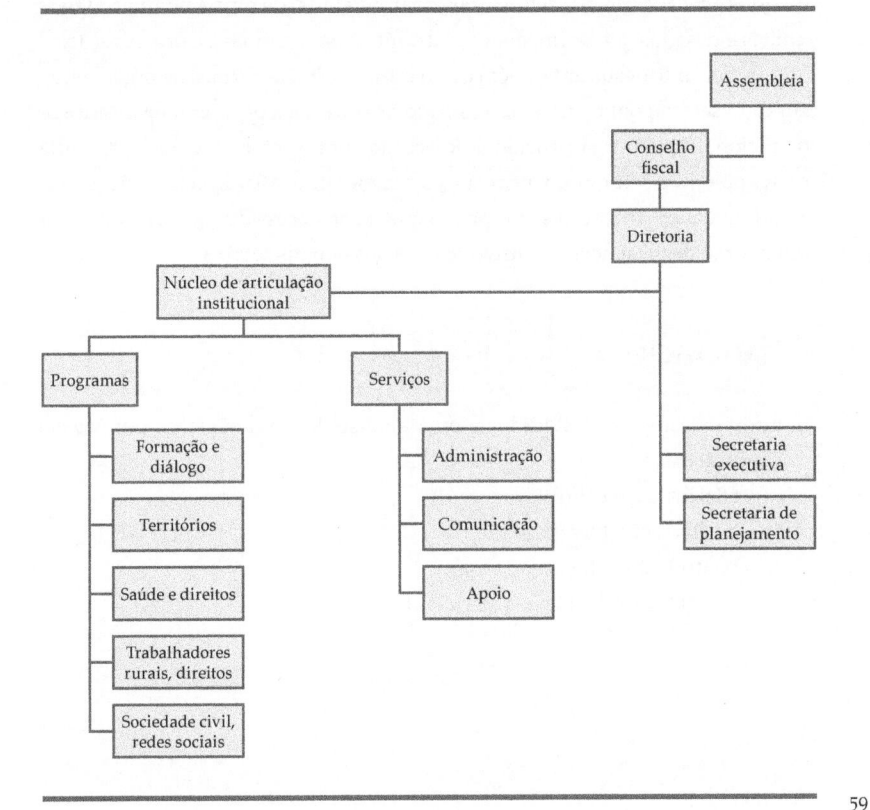

Figura 4.3 – Organograma da estrutura de uma organização não governamental

```
                                                    Assembleia
                                                        |
                                                  Conselho
                                                   fiscal
                                                        |
                                                   Diretoria
                                                        |
        Núcleo de articulação
            institucional
        _____|_____
        |                    |                          |
    Programas            Serviços
        |                    |                          |
   Formação e           Administração              Secretaria
    diálogo                                         executiva
        |                    |                          |
   Territórios           Comunicação              Secretaria de
                                                   planejamento
        |                    |
  Saúde e direitos         Apoio
        |
  Trabalhadores
  rurais, direitos
        |
  Sociedade civil,
   redes sociais
```

A estrutura organizacional de uma ONG apresenta como marca a horizontalidade. A assembleia dos sócios unifica todos os trabalhadores, que se subdividem e, rotativamente, ocupam as vagas do conselho fiscal, da diretoria e das secretarias executiva e de planejamento. O núcleo de articulação institucional constitui o núcleo do trabalho da ONG, sendo dividido nos dois polos de atuação: programas e serviços. A estrutura em rede, que articula e regula os fluxos de decisão, de produção e de trabalho, é a marca desse tipo de organização.

(.) Ponto final

Vimos, neste capítulo, exemplos de organizações de cada um dos três setores: público, privado e terceiro setor. Esses setores possuem características diferenciadas e atendem a objetivos distintos, o que repercute no modo como se estruturam e nas possibilidades de funcionamento organizacional. Com base nos exemplos trazidos em cada um dos setores, observamos ainda, de forma pontual, alguns limites e desafios que se impõem a cada uma dessas formas de organização.

É importante destacar também que o estudo sobre as formas de organização em cada setor aponta para a necessidade de tratarmos os diferentes processos de racionalização organizacional de acordo com o setor de atuação. Os diferentes objetivos setoriais exigem que os padrões de avaliação sejam adequados àquilo que a organização se propõe, o que torna necessário não universalizar um padrão de eficiência e controle setorial aos demais setores.

Atividade

1. Entre os aspectos destacados para a análise das organizações por Michel Foucault estão:
    a. a eficiência e o controle.
    b. a eficiência e a lucratividade.
    c. o controle do espaço e do tempo.
    d. o controle burocrático e a lucratividade.

(5)

Organizações sociais nas
sociedades periféricas

Francisco dos Santos Kieling

Neste capítulo analisaremos a forma como a modernidade se constitui em uma nação semiperiférica, como é o caso brasileiro. Para isso, estudaremos a forma de inserção do país na divisão internacional do trabalho. Veremos como a posição semiperiférica condiciona os processos políticos que tensionam a direção das políticas públicas, das instituições e das organizações sociais entre maior democratização ou exploração.

Como resultado da inserção precária do país num sistema internacional de produção, consumo, distribuição e trocas, formam-se grupos e classes dominantes ora favoráveis à ampliação das bases democráticas, ora defensores de posições menos progressistas. A consequência dessas tensões foi a consolidação de instituições e de organizações sobre uma estrutura socioeconômica desigual, que favorece a produção da subcidadania.

(5.1) Modernização seletiva na semiperiferia

José Maurício Domingues constata, no livro *Criatividade social, subjetividade coletiva e a modernidade brasileira contemporânea*, que o desenvolvimento brasileiro tem se realizado por meio de um compromisso subjetivamente compartilhado, de forma hegemônica, com o processo de modernização. Esse compromisso, no entanto, não incorpora o conjunto das premissas elementares da modernidade forjada nos países centrais.

Fernandes (1976), Domingues (1999) e Souza (2000) concordam que no Brasil os aspectos da modernidade foram incorporados de modo seletivo e autoritário. As características práticas e institucionais que forjaram essa modernidade periférica foram produzidas e produzem, no país, uma tradição política sobre bases diferentes daquelas que marcaram a formação da modernidade norte--europeia. De acordo com Domingues (1999), existem três hipóteses explicativas para esse fato. A primeira hipótese aponta para o fato de que, em vez da estruturação das relações sociais acontecer tendo como base as ideias de indivíduo e de contrato social, temos um Estado integrativo, responsável pelas diretrizes sociais verticais, de cima para baixo, mesmo quando essas ideias são ressignificadas pelo discurso liberal. Uma segunda hipótese, ainda relacionada à primeira, indica um processo de "modernização conservadora", que exclui do alvo dos processos de modernização democratizadora os universos sociais que giram ao redor da grande propriedade agrária. Esta foi modernizada com a incorporação de tecnologia importada, transformando a matriz agrícola, de um potencial entrave ao desenvolvimento capitalista, em um de seus pilares. A terceira hipótese aponta para um (neo)patrimonialismo tradicionalista, ainda inspirado pelos ideais da modernidade, mas, nesse caso, conciliador da identidade nacional entre a modernidade e a tradição.

Entre essas três hipóteses, há referências aos atores sociais conservadores que, progressivamente, abandonam o tradicionalismo ligado ao passado e, com o processo de racionalização das suas ações, adotam a modernidade como horizonte civilizacional. Novamente é importante ressaltar: adotam aspectos selecionados da modernidade. O resultado desse processo é que as tradições modernizadas entre nós, em vez de adotarem padrões de relacionamento democráticos, assumem caráter antidemocrático e opressor.

O processo recente de democratização social, pós-1985, abriu espaço para questões referentes à constituição da cidadania represadas no período imediatamente anterior. Para que um projeto constitutivo da cidadania se efetive e cumpra alguns ideais modernos democratizadores – que não foram selecionados em conjunturas anteriores – faz-se necessária a constituição de instituições e organizações sociais, bem como a sua consolidação.

Segundo Domingues (1999), ao longo do período recente da história nacional, o Estado e as classes dominantes locais investiram na opção de uma modernização que aprofundasse as tradições da modernidade sem, no entanto, romper com o autoritarismo e o conservadorismo da política nacional.

Com o aprofundamento das tradições modernas, Estado e mercado se depararam com situações nas quais são limitados formalmente por padrões modernos de conduta e legalidade, sendo, nesses casos, incitados a constituir novas relações com a sociedade civil. Na prática, entretanto, perduram formas de relacionamento social caracterizadas pelo autoritarismo e pela exploração, condutas que são combatidas formalmente. Dessa forma, é notável a coexistência de padrões autoritários e democráticos no plano formal e ideológico. A origem dessa situação é analisada nas duas seções a seguir.

(5.2) A divisão internacional do trabalho

As nações capitalistas modernas podem ser diferenciadas pela observação de múltiplos aspectos. Nessa seção, buscamos diferenciá-las tendo como critério a inserção político-econômica na divisão internacional do trabalho. Segundo Kolling (2004), a divisão internacional do trabalho foi teorizada inicialmente por Marx, em *O capital* (1968), e desenvolvida com especial interesse pela Comissão Econômica para a América Latina e o Caribe (Cepal), com o intuito de explicar as desigualdades no desenvolvimento econômico entre os países capitalistas, reproduzidas ao longo da história.

A divisão entre centro e periferia, inicialmente teorizada pela Cepal, foi reanalisada posteriormente por Wallerstein (2001), nas suas análises sobre o período entre os séculos XIV e XVII, tendo como resultado a subdivisão entre países centrais, periféricos e semiperiféricos. Situar essa discussão é importante para os objetivos do capítulo por localizar os condicionamentos comparativos existentes no Brasil, país semiperiférico do sistema capitalista contemporâneo, e o distinguir de alguns de seus vizinhos, que são países realmente periféricos.

Os países centrais produzem e difundem tecnologias de ponta, constituem amplos mercados consumidores e se destacam, atualmente, por níveis de desenvolvimento humano elevados. Os países periféricos se caracterizam pela produção de matérias-primas, pela dependência completa em relação às tecnologias produzidas externamente e, em geral, pelo baixo desenvolvimento humano. Entre um polo e outro, destaca-se um pequeno grupo de países que constitui a semiperiferia. Seus membros produzem bens industrializados, em alguns casos com aplicação de alta tecnologia, mas não são difusores de ponta da indústria. Caracterizam-se pela alta exploração da mão de obra e por índices de desenvolvimento humano (IDH) medianos.

Os condicionamentos comparativos são relevantes para compreendermos a forma como se constroem as instituições básicas de cidadania no país e os limites histórico-estruturais resultantes do processo de modernização seletiva, baseada numa ideologia econômico-modernizadora, que emperra o processo de democratização social amplo no país.

(5.3) Origem da atual divisão internacional do trabalho

A divisão internacional do trabalho contemporânea tem raízes profundas nos amplos processos históricos iniciados com a expansão das fronteiras europeias e a emergência da internacionalização do capitalismo comercial e industrial.

Wallerstein (2001) e Anderson (2004) nos contam que, inicialmente, esse processo teve o suporte econômico e político dos emergentes Estados-nações dos séculos XIII e XIV, em especial Portugal e Espanha, e das já consolidadas cidades comerciais do norte da atual Itália, particularmente Gênova e Veneza. Posteriormente, tendo em vista os crescentes lucros do empreendimento, as nações com desenvolvido comércio marítimo do norte europeu, especialmente os Países Baixos e a Inglaterra, passaram a investir na conquista de territórios, portos e colônias fora da Europa. Longe de ser um processo puramente comercial, a expansão das fronteiras do mundo ocidental foi um gigantesco empreendimento militar. A conquista da Costa Africana, de possessões asiáticas e das Américas teve como meios guerras, invasões e extermínios sem paralelo na história da humanidade. Isso foi feito com o intuito principal de dominar essas populações e espoliá-las econômica e politicamente. Não por acaso, os países dessas regiões do planeta constituem, com raras exceções, a atual periferia da economia mundial.

As exceções constituem as nações formadas por habitantes europeus expulsos dos seus países de origem em função de guerras internas; por civilizações avançadas concorrentes à ocidental e que sofreram posteriormente intensos processos de racionalização e transformação capitalista, ou, ainda, como portos estratégicos durante longos períodos.

As colônias originadas pelas expulsões de guerras europeias formaram-se inicialmente em locais pouco lucrativos para as metrópoles, não sofrendo muitas restrições no início do processo colonizador, garantindo-lhes liberdade de agência econômica e política.

A exploração econômica e política em larga escala e ao longo de séculos contribuiu para enriquecer os países centrais em detrimento dos países periféricos. Os padrões de acumulação e de reprodução da riqueza garantidos ao longo dos séculos de exploração colonial foram decisivos para a consolidação da correlação de forças econômicas mundiais que, na maioria, permanecem até hoje, mesmo sobre bases institucionais transformadas.

As profundas transformações ocorridas no centro do sistema transbordaram da esfera econômica e foram continuamente tensionadas por classes sociais populares na esfera política, com o objetivo de promover a democratização da riqueza social gerada. As revoltas de trabalhadores nos séculos XIX e XX tiveram como consequência profundas transformações institucionais que possibilitaram a emergência e a consolidação de regras e valores que instituíram e consolidaram um sólido sistema de cidadania. Esse sistema, por sua vez, está ancorado em princípios de igualdade formal entre todos os indivíduos e equidade no acesso aos bens públicos.

É precisamente a consolidação desses amplos acordos nacionais que tem inspirado o ideário modernizador no Brasil. Mas, de acordo com a forma como aquela situação dos países centrais é percebida, os projetos derivados dela se distinguem profundamente, dependendo do grupo ou da classe social.

(5.4) Entre a democratização e a exploração intensiva

O ideário modernizador no Brasil pode ser compreendido com base em uma polarização básica. Vamos, então, distinguir os dois polos do debate que explicitam posições diferenciadas para a modernização dentro da ordem capitalista.

O primeiro trata os processos de modernização como derivados de processos de crescimento econômico, decorrentes da consolidação e da reprodução ampliada do capital. A repercussão política dessa maneira de pensar o processo modernizador na semiperiferia é a disponibilização dos recursos do Estado para potencializar a ação capitalista. A construção da cidadania plena se constitui, nesse caso, resultado da dinamização do mercado, que possibilita ao Estado atuar apenas pontualmente como mediador de situações precárias.

O segundo polo surge do reconhecimento da proeminência da esfera política no encaminhamento do processo modernizador democrático. Reconhece as imperfeições da dinâmica de mercado e a necessidade de políticas públicas de sustentação da coesão social. Dessa forma, o Estado, mais do que gerir as contradições produzidas pelo capital e facilitar a sua difusão e a sua reprodução, deve ser responsável pela mediação necessária entre mercado e sociedade civil, de modo a garantir padrões de relacionamento equilibrados, por meio de regras aplicadas a todos os indivíduos da coletividade, unificados em torno do estatuto da cidadania. A cidadania, por sua vez, é produto da mediação entre sociedade civil, Estado e mercado, que iguala direitos e estabelece limites à ação autoritária proveniente de qualquer indivíduo, sem distinção alguma.

Esses polos ideológicos se constituem tendo como parâmetros os resultados, tanto positivos como negativos, obtidos em conjunturas diferenciadas da produzida no Brasil. Mas, em geral, não se referenciam as condições objetivas: estruturais e institucionais constituídas historicamente no país.

Para serem construídas e universalizadas, as promessas das ideias dependem das condições estruturais. Para isso, é fundamental uma crítica adequada às condições objetivas – econômicas, políticas e institucionais – encontradas no país.

É notável que os acordos entre grupos dominantes econômicos, políticos e militares impediram, sistematicamente, ao longo da história brasileira, a consolidação de um regime democrático robusto e universal. A Independência (1822), a Abolição da Escravatura (1888), a Proclamação da República (1889), a República Velha como um todo (1889-1930), a Revolta de 1930 e o Golpe de 1964 são exemplos de movimentos que, por mais que fossem produzidos em consequência de conflitos sociais extensos, foram capturados imediatamente por grupos dominantes, extinguindo de imediato a plena participação popular nos processos decisórios.

Em momentos de maximização dos potenciais democráticos na história brasileira (1945 a 1964; 1985 até os dias de hoje), os grupos conservadores têm utilizado força política, ideológica, econômica e, quando julgam necessário, até mesmo militar, para não ver ameaçado o *status quo* que lhes favorece. Como resultado, produziu-se uma estrutura institucional débil, incapaz de universalizar os direitos básicos de cidadania.

(5.5) Ineficiência institucional e a produção da subcidadania

Sobre um código valorativo individualista, dominante entre a população como um todo, precisaria ser erguida uma estrutura organizacional e institucional que respaldasse tal código. Por um lado, para estabelecer o princípio da equidade, fez-se necessária a consolidação de instituições universais que garantissem parâmetros de competição justos entre os indivíduos. Por outro lado, um adequado sistema de competição não exclui a necessidade de constituir proteções sociais que impeçam a degradação das condições de vida daqueles grupos que, conjunturalmente, forem prejudicados por uma situação específica.

Um adequado sistema de proteção social envolve a universalização da educação pública gratuita, do atendimento à saúde, de oportunidades de trabalho e de acesso à previdência. Dentro de uma ordem mediada por duas grandes esferas de ação – o Estado e o mercado –, é possível, com essa rede institucional, reduzir a pobreza e a desigualdade e instaurar sistemas sociais coletivos de promoção da cidadania. Essa estrutura institucional garantiria um mínimo de recursos àquelas parcelas da população em situação de vulnerabilidade, mas não romperiam com a lógica da desigualdade necessária à reprodução sistêmica.

No Brasil, as iniciativas de produção de sistemas de equidade não enfrentaram, até muito recentemente, a condição de desigualdade social estruturante das relações sociais no país. Segundo Cattani e Cimadamore (2007), a estrutura socioeconômica brasileira é marcada pela intensa desigualdade, produtora de níveis de riqueza comparados aos das classes mais ricas dos países centrais e, ao mesmo tempo, de pobreza similar ao encontrado entre as populações mais miseráveis dos países periféricos.

Sobre essa situação ergueram-se sistemas de proteção seletivos. Os sistemas públicos que deveriam amparar a situação social de todos os cidadãos foram constituídos paulatinamente, sem serem universalizados. A recente universalização do acesso ao ensino fundamental público se consolidou sobre uma base de qualidade precária, que pouco contribui para a resolução dos projetos coletivos de ascensão social.

Além da precariedade da rede básica, o sistema de saúde conta com a não resolução técnica de problemas básicos característicos de países tropicais. Doenças específicas dessa região do globo, conhecidas há muito tempo, ainda não foram adequadamente controladas, mostrando a debilidade dos estudos capazes de orientar a aplicação tecnológica em vacinas, pesticidas seguros ou outras soluções adequadas.

A polícia, o judiciário, o comércio e o atendimento ao público em geral, em qualquer ramo de atividade, são marcados pela seletividade da população atendida. Serviços de qualidade concentram-se entre grupos e classes sociais superiores (média-alta e alta), que, em geral, pagam por eles. Os serviços universais, públicos e gratuitos, financiados pelo conjunto da população, têm qualidade duvidosa.

A segmentação institucional produzida no país tem um custo social elevado. Aqueles que podem, usufruem no mercado a eficiência desejada. Os que não podem sofrem com a precariedade do que lhes é oferecido. A racionalidade organizacional que envolve eficiência e controle na busca de metas só é aplicável a bom termo na totalidade social, quando há equivalência entre os indivíduos. Esse é o critério básico da cidadania.

De acordo com Domingues (1999) e Souza (2000), a importação de ideais modernos é mais fácil do que a necessária e correspondente importação de práticas e instituições modernas. A ética moderna, caracterizada pela igualdade, pela impessoalidade e pela universalização de procedimentos a todos os cidadãos, depende de estruturas reguladoras e instituições potencializadoras da igualdade entre os sujeitos sociais.

Ao longo da história brasileira, houve a expansão dos aspectos funcionais dos direitos civis, políticos e sociais, com a manutenção do controle sobre os cidadãos, de modo a que os processos políticos derivados da efetiva democratização não impactassem a estrutura político-econômica que beneficia as classes dominantes.

Sobre bases autoritárias, a relação entre Estado, mercado e sociedade civil tende a se estabelecer sobre situações precárias, em geral mais ratificando privilégios do que propriamente promovendo cidadania. O potencial democratizador intrínseco às novas formas de relação entre esses entes tem esbarrado, com frequência, na estruturação precária e autoritária que marca a vida pública brasileira.

São comuns os casos em que as iniciativas de democratização dessas relações são construídas com base nessa estrutura autoritária, aproveitando-se dela para obter ganhos individuais, reforçando o autoritarismo e retendo a possibilidade de uma efetiva democratização institucional. Para Souza (2003), em muitos casos essas iniciativas contribuem mais com a subjugação de grupos em situação concreta de miséria. Dessa forma, passa-se por cima dos direito básicos de cidadania, produzindo um fenômeno típico das sociedades periféricas: a subcidadania.

A consolidação da subcidadania se dá como consequência da divisão entre instituições e organizações para uns e não para outros; de serviços públicos que deveriam sustentar direitos universais, mas que na prática reforçam as desigualdades preexistentes e garantem a sobre-exploração; de uma ordem social mantida por mecanismos de controle que só atingem classes sociais periféricas e com eficiência duvidosa.

Os direitos básicos de cidadania só existem quando universalizados. Até sua plena universalização, as instituições sociais contribuem para reforçar privilégios e ampliar desigualdades. As lutas que colocaram a questão da cidadania na pauta política do país têm sido travadas contra os grupos que apontam o impacto negativo dessas instituições sociais na dinamização dos negócios do capital.

O caminho futuro a ser trilhado pelo país na construção de uma nação de cidadãos é longo e, ao mesmo tempo, incerto. Se, por um lado, importantes passos têm sido dados, nas duas últimas décadas, na direção da ampliação de sistemas públicos universais de promoção da equidade e sustentação da proteção social, por outro, essas conquistas se veem permanentemente ameaçadas pelo questionamento sistemático das políticas de proteção social e de redução das desigualdades.

O processo de modernização do país encontra-se em debate. A fragilidade institucional persistente impede que se vislumbre um futuro em que prevaleça, a médio e a longo prazo, a modernização democratizadora. No entanto, possivelmente o país não viveu outro momento em que a construção de instituições em torno de temáticas plurais foi mais intensa. Resta aos cientistas sociais analisarem os processos futuros e identificarem o rumo do conflito entre conservadorismo e democratização.

(.) Ponto final

Neste capítulo, analisamos a forma como aspectos da modernidade foram seletivamente adaptados à constituição da nação brasileira. Vimos que esse fenômeno está relacionado à forma como o país se insere na divisão internacional do trabalho. Consequência disso são processos políticos dúbios e incoerentes, marcados pelo conflito entre objetivos de democratização e exploração.

As instituições e as organizações consolidadas sobre a modernidade seletivamente incorporada, numa nação semiperiférica, são impactadas e muitas contribuem para a produção do fenômeno da subcidadania. Isso ocorre porque instituições e organizações emergidas sobre uma estrutura precária tendem a reforçar privilégios mais do que garantir direitos.

Atividade

1. Entre as características que contribuem para a produção da subcidadania no Brasil, podemos destacar, com base na compreensão do Capítulo 5:
   a. a ineficiência institucional e a desigualdade social.
   b. o fracionamento das instituições básicas e o crescimento econômico.
   c. a desigualdade social e a democracia política.
   d. a ineficiência institucional e a industrialização.

(6)

Os sujeitos e o processo de (re)construção das organizações

O objetivo deste capítulo é apresentar o debate em torno de estudos que tenham como referência os sujeitos nas organizações, as suas ações e os processos de aprendizagem e de socialização nos quais eles se engajam. Nesse sentido, abordamos alguns aspectos considerados relevantes para essa discussão.

Esses elementos constituem os tópicos trabalhados ao longo do texto, que são:

a. perspectiva do sujeito;
b. ação e subjetividade nas organizações;
c. inovação e mudança: as condições de planejamento e gestão dentro da organização;
d. aprendizado coletivo e processos de socialização nas organizações.

(6.1) A perspectiva do sujeito[a]

Uma primeira tarefa a ser resolvida, ou pelo menos encaminhada, no debate sobre as análises que enfocam os sujeitos organizacionais é definir por qual prisma se podem entender os processos que envolvem os indivíduos no interior das organizações. Trata-se, aqui, da discussão, da diferenciação, da escolha – incluindo a justificativa dessa escolha – e das categorias conceituais de: ator, agente e sujeito.

Na perspectiva do ator, o processo de ação parte da premissa de que o indivíduo deva se adaptar ao contexto em que vive. Ora, para ficar clara essa denominação, podemos pensar no que significa ser ator ou atriz: interpretar um texto pronto, uma cena prevista; o único esforço despendido pelo indivíduo é se adaptar ao *script*.

Essa analogia cabe muito bem para essa discussão. Nesse sentido, essa perspectiva, que pode ser chamada de *empirista*, acaba anulando a possibilidade de o indivíduo se inserir num processo como sujeito ativo, pois não há espaço para a sua curiosidade nem para a sua contribuição, já que o mundo e o conhecimento estão prontos para serem apreendidos por ele. Portanto, o indivíduo não age sobre o mundo, sobre a realidade social, isso já está pronto, ele deve apenas se adequar a ela.

Por outro lado, quando falamos em *agente*, podemos acabar encarando, a exemplo do ator, apenas um dos polos da relação entre indivíduo e realidade social. No caso do ator, o polo considerado preponderante é o da realidade social; no caso do agente, o polo é o indivíduo.

Assim, temos a perspectiva denominada de *apriorista*, justamente porque entende que o indivíduo por si mesmo encontra seu caminho, pois já nasce incorporado dos saberes necessários para a sua ação, nada o determina ou o condiciona. Partem apenas dele as iniciativas relacionadas ao seu agir, portanto, não há processo interativo com a cultura anterior. Por isso, existe uma aproximação dessa maneira de ver o processo de constituição do indivíduo com a ideia neoliberal de "liberdade de mercado", na qual o indivíduo sozinho é responsável pelo caminho que irá trilhar.

Segundo Machado (2008, p. 56-57), muitas vezes ocorre a confusão entre autonomia e individualismo, quando se acredita que a primeira postura torna o indivíduo autônomo quando, na verdade, ele se torna, muitas vezes, individualista. É importante ressaltar que autonomia pressupõe um processo de construção de uma condição de liberdade e da consciência, com base em uma reflexão crítica e prática.

---

a. Esta seção é baseada do texto de Becker (2001), intitulado *Modelos pedagógicos e modelos epistemológicos*.

Isso não significa que não exista relação com os outros, que não exista o princípio da vivência e da ação na organização e para ela. Por isso, autonomia tem muito mais a ver com a contribuição que o indivíduo dá, com sua prática e na sua relação com outros indivíduos, para o permanente reconstruir das condições em que se encontra, do que com a sua afirmação como ser individual que age apenas conforme seus interesses.

Por fim, a condição de sujeito do indivíduo admite a importância dos dois polos da relação entre indivíduo e realidade social, o que significa a existência de uma relação de influência de um polo sobre o outro na construção de novas ações e de novos conhecimentos. Esse pressuposto é chamado de *construtivismo* e leva em conta todos os processos criados pelo sujeito desde antes de sua participação numa organização.

Nesse sentido, faz parte da própria constituição do ser humano esse processo contínuo de construção do conhecimento – a respeito do mundo físico, químico, biológico ou social, entre outros. Fazendo referência a Piaget, Fernando Becker explica como se constitui esse movimento: cada vez que o sujeito entra em contato com algo novo, assimilando determinado objeto de conhecimento, esse conteúdo assimilado provoca no indivíduo perturbações que o levarão a refazer seus instrumentos de assimilação para poder acomodar esse novo conhecimento, e assim sucessivamente. Claro que o processo é mais complexo, mas essa síntese permite-nos entender e confirmar a atuação sempre ativa dos sujeitos em sua aprendizagem e em suas ações.

(6.2) Ação e subjetividade nas organizações

De modo geral, existe um predomínio das análises de cunho objetivista nos estudos sobre as organizações. Deixa-se de lado, muitas vezes, uma perspectiva de análise mais subjetivista que tenha como foco os sujeitos e suas ações nas organizações.

De acordo com Alketa Peci (2002, p. 1):

> *Os estudos organizacionais caracterizam-se pela dominância da perspectiva objetivista. Prevalecem correntes teóricas, como o contingencialismo e o institucionalismo, que percebem a organização como reflexo das características do ambiente no qual se insere. Assim, o comportamento organizacional consiste em estratégias – adaptativas, reativas, miméticas – que buscam a sobrevivência organizacional, num contexto em contínua mudança. As organizações, a ação organizacional e a estrutura têm sido vistas como respostas às diversas condições objetivas. Deste modo, os processos sociais*

e culturais que dão forma à estrutura e ao comportamento organizacional têm sido deixados de lado ou considerados variáveis exógenas, coisificadas como "realidade", "sociedade" ou "ambiente". As tentativas de introduzir a perspectiva subjetivista nos estudos organizacionais estão mais presentes na área da cultura organizacional ou do processo decisório. No entanto, é possível juntar sob a denominação "subjetivista" correntes teóricas das mais diversificadas, tais como o cognitivismo, a fenomenologia ou o individualismo metodológico, que partem de premissas diferentes.

É inegável a importância dos estudos que enfocam a estrutura e a função das organizações, no entanto há algumas dinâmicas e processos relativos às ações dos sujeitos que as análises mais estruturais por si só não dão conta. Nesse sentido, as perspectivas teóricas relacionadas aos processos individuais que têm expressão nas organizações – como o cognitivismo, por exemplo – constituem ferramentas teórico-metodológicas interessantes para pensar objetos de análise de cunho mais subjetivista.

As análises que enfocam o processo cognitivo dos sujeitos levam em conta três aspectos complementares. O primeiro relaciona-se ao sistema de conhecimento, valores e crenças denominado *cultura*; o segundo diz respeito ao processo de aprendizagem do sujeito; no terceiro, verificamos como o sujeito constrói e reconstrói seu conhecimento e sua ação – nesse caso ligados à organização – com base em seu processo de aprendizagem e socialização na cultura organizacional.

É pela possibilidade de o indivíduo se envolver na construção de novas sínteses, tomando como referência o conhecimento acumulado no conjunto cultural prévio da organização e do seu próprio processo de aprendizagem, que focamos a análise nesse indivíduo como sujeito capaz de contribuir para as dinâmicas de inovação e mudança da organização em que atua, não apenas se adaptando e, muito menos, agindo por conta própria, mas sim por meio dessa interação dele com a cultura estabelecida, a fim de produzir novos conhecimentos e novas ações.

(6.3) Inovação e mudança: as condições de planejamento e de gestão dentro da organização

Algumas reflexões no campo da discussão sobre as organizações já trazem a preocupação de entender as dinâmicas construídas com base na relação entre subjetividade, processos intersubjetivos e processos organizacionais de planejamento e de gestão. Esse é o caso de Marilene de Castilho Sá (2001).

Essa autora, em seu estudo sobre organizações de saúde, propõe que pensemos na possibilidade de agregar aos processos de planejamento e gestão – essenciais para o processo de inovação e mudança – as dimensões cultural, subjetiva e inconsciente das organizações. Essa discussão, para a autora, é "indispensável para se pensar seus limites (e possibilidades) de governabilidade" (Sá, 2001, p. 152).

Dessa forma, a autora traz o debate da governabilidade para mostrar como essa questão vem sendo discutida no âmbito das organizações, que teve na perspectiva positivista, da administração racional e centrada, o principal norte de algumas discussões. No entanto, ela direciona a reflexão para os processos, os objetivos e os interesses que ocorrem com os sujeitos.

A autora (Sá, 2001, p. 156) destaca que:

> Reconhece-se, assim, a pluralidade de atores [aqui substituiríamos por sujeitos], com diferentes capacidades (poderes) e interesses, disputando projetos e os recursos para implementá-los. Planejamento e gestão/governo deixam de dizer respeito a um problema de administração das coisas pelos homens e passam a significar um problema de interação entre os homens na busca de seus objetivos.

O que está em jogo nessa abordagem é o questionamento da perspectiva da racionalidade político-estratégica, que a autora assume como uma das formas possíveis de direcionamento dos processos de planejamento e gestão, mas não a única. Nesse sentido, Sá (2001) traz para o debate a questão do reconhecimento de que a dimensão humana no interior dos processos organizacionais também está relacionada às dimensões do desejo, da pulsão, do afeto e do simbólico.

Sá (2001, p. 156) ainda acrescenta:

> acredito que uma das condições para que possamos compreender os limites do planejamento e da gestão – mas também para explorar sua possibilidades – é deslocar o foco de referência teórica de um indivíduo centrado nas necessidades para a existência de um sujeito do desejo e das pulsões.

Vemos assim a questão da atuação dos sujeitos no interior da organização ligada também aos seus processos subjetivos e intersubjetivos. Para tanto, a autora sustenta a ideia, inspirada em Birman (conhecido autor da psicanálise), de que a pulsão da vida não deve ser considerada apenas como reação do sujeito visando à sua preservação, mas também deve ser vista como uma força de criação.

Esses processos subjetivos estão diretamente ligados à possibilidade de os sujeitos se tornarem autônomos, pois, como já destacamos no primeiro tópico deste capítulo, as ações não são apenas externas aos indivíduos, elas fazem parte do resultado da interação desse sujeito com o meio em que ele vive. Portanto, o polo indivíduo dessa relação não pode ser negligenciado.

A autora ainda levanta a hipótese de que o desenvolvimento da autonomia dos sujeitos nas organizações de saúde (aqui podemos estender a discussão para outros tipos de organizações) torna-se uma condição fundamental para a ampliação de sua governabilidade e também para a construção de projetos coletivos e solidários.

Por fim, o processo de inovação e de mudança no interior das organizações, depende, em grande medida, dessa autonomia dos sujeitos no seu interior. Se as condições exteriores – como demanda da sociedade, por exemplo – forem de extrema importância para a mudança de comportamento da organização, a inovação e a mudança não se realizarão sem a participação ativa dos sujeitos envolvidos nesse processo, por isso, são relevantes os estudos que levam em conta a dimensão da subjetividade nas organizações.

(6.4) Aprendizado coletivo e processos de socialização nas organizações

Quando pensamos em processos de inovação e de mudança nas organizações, necessariamente entra em questão a reflexão sobre os processos de aprendizado, tanto individual quanto coletivo, e de socialização nas organizações. Isso porque entendemos que os sujeitos são parte fundamental no desenvolvimento das organizações.

Aqui entra também a questão do papel do pensamento criativo dos sujeitos na definição de novos rumos da organização, pois à medida que vão surgindo novos problemas, novos dilemas e novos desafios, cabe aos sujeitos, por meio do seu aprendizado, que não é somente individual, mas também e principalmente coletivo, colaborar para a transformação e constituição de novas ações.

De acordo com Cidineide Gerônimo Ribeiro da Silva et al. (2002, p. 164):

> A mudança organizacional vai implicar o rompimento com o estabelecido para a criação de novos modelos de ação. Esse rompimento acontece por meio dos indivíduos e grupos que trabalham e aprendem na empresa, executando tarefas em qualquer contexto.

A perspectiva de transformação das organizações tem como base as ações inovadoras dos sujeitos engajados nesse processo. Com base nisso, não só o conhecimento do indivíduo e do grupo, ou seja, coletivo, se renova, como também a própria cultura relacionada à organização. Para os autores (Silva et al., 2002, p. 165), portanto, "o aprendizado é tanto o impulso quanto o motor que leva à mudança, à transformação [...] e o indivíduo é o ponto de partida que desencadeia o processo de aprendizagem".

Os sujeitos, quando passam a participar de um contexto organizacional pelo trabalho ou por outra forma de interação, já encontram um sistema de regras, de normas, de linguagem, de símbolos, entre outros elementos, que representam a identidade dessa organização, por isso, um dos primeiros processos estabelecidos no seu interior é o de socialização dos sujeitos que passam a pertencer a esse universo.

Esse movimento de socialização e de aprendizagem individual e coletiva contribui para o permanente reconstruir das organizações, inclusive nos seus aspectos culturais. Pois esse processo não é estático, e sim dinâmico. Assim, é no dia a dia, por meio das interações entre os sujeitos e entre os sujeitos e a cultura organizacional, que se criam novas práticas e novos conhecimentos no interior da organização.

(.) Ponto final

A reflexão que trouxemos neste capítulo teve por objetivo ampliar o debate sobre os processos que envolvem os sujeitos no interior das organizações. A tentativa de fugir das análises objetivistas não tem a intenção de negá-las, mas de compreender outras dinâmicas importantes para o desenvolvimento das organizações.

Por esse motivo, foram apresentadas algumas discussões que envolvem a constituição dos indivíduos na qualidade de sujeitos cognoscentes e capazes de contribuir para processos renovados de conhecimento e de ação, assim como os próprios processos de ação e subjetividade desses sujeitos no interior das organizações.

Tomando como base essas definições, pareceu oportuno também trazer para o debate o papel dos sujeitos nas dinâmicas de inovação, de mudança, de planejamento e de gestão no interior das organizações, tendo como pano de fundo a própria questão da socialização e do aprendizado individual e coletivo que contribui para a realização de tais dinâmicas.

Portanto, é possível pensar nessas dimensões, analisadas no decorrer do capítulo, de forma integrada para compreender de que maneira os sujeitos operam no interior das organizações: como interagem, aprendem e contribuem para a reconstrução permanente destas. Essas são questões relevantes para serem pensadas quando levamos em conta a relação entre sujeito e organização.

Atividade

1. Para que se possam criar novas práticas e novos conhecimentos no interior da organização, torna-se necessária a interação entre .... e ....
Marque a alternativa que preenche corretamente as lacunas:
   a. os instrumentos de trabalho; a estrutura.
   b. as máquinas; os funcionários.
   c. os sujeitos; a cultura organizacional.
   d. os gerentes; a burocracia.

(7)

Ciências sociais das
organizações empresariais

Analisa Zorzi

A discussão desse capítulo está relacionada aos estudos sobre as organizações empresariais. A reconstituição desse debate se fez por meio de elementos fundamentais para a compreensão dessas organizações.

O texto está estruturado em três partes, que se interligam na análise relacional empresa-sociedade:

a. a estrutura organizacional das empresas;
b. o funcionamento da organização empresarial;
c. a sociedade e o desenvolvimento social da empresa.

Por meio desses três tópicos, foi possível sistematizar alguns aparatos conceituais para a análise dos processos relacionados às organizações empresariais.

(7.1) A estrutura organizacional das empresas

Algumas análises elegem elementos considerados importantes para o entendimento da estrutura organizacional de uma empresa, seja ela privada, pública ou de terceiro setor. Nesse sentido, um dos estudiosos que se dedica à análise das organizações, Henry Mintzberg, citado por Nunes (2008), apontou como fatores essenciais os componentes básicos da organização, os inter-relacionamentos entre esses componentes e os mecanismos de coordenação do trabalho no interior da organização.

Duarte (2008, p. 3) sustenta que há basicamente seis componentes básicos nas organizações empresariais:

1. O VÉRTICE ESTRATÉGICO – Composto pelos gestores de topo (administração, conselhos, gerência etc.), tem por objetivo proporcionar aos membros da organização os meios necessários para alcançarem seus objetivos.
2. O NÚCLEO OPERACIONAL – É formado pelos sujeitos que executam o trabalho básico, ou seja, que produzem bens ou serviços.
3. A LINHA HIERÁRQUICA MÉDIA – Os sujeitos que pertencem a essa esfera (diretores e chefes) fazem a intermediação entre o vértice estratégico e o núcleo operacional.
4. A TECNOESTRUTURA – Esfera na qual analistas, engenheiros e contabilistas planejam, organizam e criam métodos relacionados ao trabalho dos outros membros da organização.
5. A LOGÍSTICA – É constituída pelas funções de apoio, como serviços jurídicos, relações públicas, entre outros.
6. A IDEOLOGIA – Também chamada de *cultura*, é formada por valores, crenças e tradições, constituindo, assim, a personalidade da organização, distinguindo-a de outras organizações.

A maneira como esses componentes se interligam culmina em um tipo de configuração organizacional ou, em outras palavras, na maneira de ser de determinada organização, tendo como referência um ou outro componente como principal. No quadro a seguir, podemos visualizar diferentes combinações entre os componentes básicos e os mecanismos de coordenação do trabalho que o autor relaciona a diferentes tipos de estruturas.

Quadro 7.1 – Alguns tipos de estruturas organizacionais e suas características

Tipo de estrutura	Principal mecanismo de coordenação	Parte-chave da organização
Estrutura simples	Supervisão direta	Vértice estratégico
Burocracia mecânica	Estandardização dos processos de trabalho	Tecnoestrutura
Burocracia profissional	Estandardização das qualificações	Centro operacional
Estrutura divisionalizada	Estandardização dos resultados	Linha hierárquica intermédia

Fonte: Adaptado de Duarte, 2008, p. 12.

A estrutura simples, para o autor, está relacionada às pequenas empresas com poucos funcionários. Podemos dizer que ela se baseia, em alguns casos, numa gestão doméstica, tendo como mecanismo de coordenação principal a supervisão direta. Além disso, o elemento-chave na organização é o seu vértice estratégico, já que existe uma centralização, por parte da direção, de todas as principais funções. De acordo com Duarte (2008, p. 4):

> A estrutura simples é pouco elaborada, apresenta uma baixa complexidade e reduzida centralização. A tecnoestrutura ou é inexistente ou então reduzida, sendo quase inexistente o planejamento, bem como o apoio logístico. A linha hierárquica intermédia é também insignificante.

A burocracia mecânica aparece numa estrutura organizacional mais complexa, em que há a separação entre a concepção e a execução do trabalho caracterizando uma "organização por funções". Nesse tipo de organização, a padronização do processo de trabalho aparece como mecanismo de coordenação, tendo a tecnoestrutura como elemento importante.

Conforme Duarte (2008, p. 5),

> Nas organizações que apresentam este tipo de estrutura todo o trabalho operacional é rotineiro, repetitivo e simples existindo ainda uma grande formalização de procedimentos. Toda a atividade da estrutura obedece a um conjunto de regras e regulamentos que todos devem cumprir. Esta estrutura é ainda caracterizada por uma elevada divisão do trabalho [...].

Já na burocracia profissional, o norte da organização é a autoridade competente, que tem como base o profissionalismo. Supera-se, assim, a padronização dos processos de trabalho e busca-se a padronização das qualificações. Ainda de acordo com Duarte (2008, p. 7),

> *Esta configuração encontra-se sobretudo nos hospitais, nas universidades e escolas, gabinetes de advocacia, hospitais, e funciona através das qualificações e competências dos profissionais que ali operam. O surgimento deste tipo de organizações deveu-se à procura de uma estrutura que pudesse valorizar profissionais altamente qualificados e especializados em detrimento da especialização funcional. Pretendeu-se dar mais relevo à especialização das qualificações individuais do que na divisão de trabalho.*

Por fim, a estrutura divisionalizada é caracterizada por possuir divisões ou unidades internas relativamente autônomas entre si, mantendo em comum uma estrutura administrativa. Sendo assim, cada unidade tem sua própria estrutura. Os resultados aparecem como mecanismo de coordenação principal e seu componente-chave é a linha hierárquica.

Segundo Duarte (2008, p. 9),

> *Caracteriza-se por ser uma estrutura incompleta, porque cada unidade tem a sua estrutura. Usualmente as unidades assumem a configuração da burocracia mecânica. A sede, é responsável, de entre outras coisas, pela coordenação das diferentes divisões, o que possibilita a extensa amplitude do vértice estratégico.*

A caracterização breve de quatro diferentes estruturas mostra que a configuração de cada organização, seja simples, mecânica, profissional, seja divisionalizada ou de outro tipo, depende da combinação dos elementos internos, tendo como rumo os objetivos que ela pretende alcançar. Por isso uma empresa de serviços, por exemplo, opera numa estrutura diferente de uma empresa que produz bens. Então, torna-se importante levar em conta esses tipos de estruturas e a maneira como elas se compõem quando queremos analisar e compreender a dinâmica de uma empresa.

(7.2) O funcionamento da organização empresarial[a]

Existem, basicamente, nos estudos sobre organizações empresariais, cinco pressupostos teóricos sobre como uma determinada organização funciona. Mais uma vez, a combinação entre a forma de funcionamento e o conjunto de elementos internos à organização irá configurar a estrutura organizacional da empresa.

O primeiro pressuposto caracteriza a organização como um sistema de autoridade formal, no qual o fluxo de poder está presente por meio da hierarquia, o famoso organograma vertical. É possível visualizar por meio de um organograma como aquele a disposição da divisão do trabalho no interior da organização, bem como conhecer os cargos existentes nela. Podemos também observar, no organograma como as unidades estão agrupadas e como a autoridade formal age sobre elas, tendo como instrumento de ação a supervisão direta.

As organizações que funcionam pela autoridade formal foram foco de estudos de alguns pensadores, como Henri Fayol, Frederick Taylor e Max Weber. Essas perspectivas dominaram os estudos sobre as organizações até a década de 1950 e tinham como foco entender a estrutura formal, o relacionamento oficial e a documentação interna dessas organizações. No entanto, havia uma diferença de análise entre esses três autores.

A principal preocupação de Fayol estava relacionada à autoridade formal e ao papel da supervisão direta na organização, portanto, termos como *comando* e *controle* eram essenciais para a sua análise. Já para Taylor, o foco de estudos estava direcionado à questão da padronização do trabalho no interior da organização, por isso ele encabeçou a ideia da administração científica, na qual aplicou um método de controle do tempo e dos movimentos necessários para a execução de tarefas a fim de que o trabalhador fosse mais eficiente. Por fim, Weber dedicou-se à análise das estruturas burocráticas das organizações, passando a compreender suas regras, seus procedimentos e suas relações.

O segundo pressuposto relaciona a organização a uma rede de fluxos regulamentados, ou seja, o foco é entender como a comunicação formal ocorre na organização. Entendemos como comunicação formal toda a interlocução que opera desde os comandos de controle do núcleo operacional e o retorno dos resultados até os conselhos, promovidos pela assessoria, que podem subsidiar as tomadas de decisões.

---

a. Esta seção está baseada no livro *Criando organizações eficazes*, de Mintzberg (2003).

O terceiro pressuposto apreende a organização como um sistema informal, no qual se pode construir um sociograma (mapa de comunicação em que é possível verificar quem se comunicou com quem no interior da organização). Esse tipo de organização demonstra que é possível existirem ou coexistirem esferas não oficiais de poder, já que a comunicação informal pode, muitas vezes, complementar ou contornar as autoridades e seu poder oficial na busca de resolução de problemas. Uma das consequências do sistema informal como base de funcionamento de algumas organizações é o estabelecimento de relações mais horizontais entre seus membros e até o fortalecimento de relações mais humanas.

O quarto pressuposto relaciona-se diretamente com o terceiro, pois a organização configura-se por meio de um sistema de constelação de trabalho, ou seja, o funcionamento da organização acontece pela formação de grupos de amigos no seu interior. Sendo assim, os grupos tomam suas próprias decisões a respeito do processo de trabalho e se relacionam pouco entre si.

Por fim, o quinto pressuposto compreende a organização como um sistema de processos de decisão *ad hoc*, significando que o fluxo de trabalho somente é conhecido após o seu término, pois suas ações não estão previstas anteriormente. Nesse sentido, as definições importantes a serem estabelecidas só o são depois de serem conhecidos os resultados do processo de trabalho anterior.

Há, portanto, uma gama de combinações possíveis de componentes internos de uma organização na qual se torna possível sistematizar uma análise de seu funcionamento e de sua estrutura, com base nos pressupostos relacionados anteriormente. Cabe aos estudiosos das organizações empresariais empreenderem as análises possíveis na busca do entendimento do que é uma organização empresarial.

(7.3) A sociedade e o desenvolvimento social da empresa

As empresas, assim como outros tantos segmentos existentes na sociedade, não estão deslocadas da dinâmica social. Isso significa que ela está em permanente relação com a sociedade, seja pela produção de bens e serviços e pela divisão social do trabalho, seja pelo desenvolvimento dos sujeitos que trabalham nessas empresas, entre outros.

Renaud Sainsaulieu é um dos autores preocupados com a questão da relação do desenvolvimento das empresas com as dinâmicas sociais produzidas e reproduzidas ao longo do tempo. O autor afirma que, ao mesmo tempo em que houve crescimento na produção, ocorreu também uma transformação física e intelectual dos trabalhadores, como uma menor alienação e um aumento das capacidades individuais sintetizadas na forma de agir e de aprender dos sujeitos.

Sainsaulieu (1997) destaca como questão primordial na análise sociológica das empresas o entendimento de sua relação com o exterior da organização, por meio de sua produção e com base em seu conjunto humano. Nas palavras desse autor:

> Trata-se, com efeito, de compreender como é que a empresa constitui uma espécie de facto social específico, uma forma de comunidade humana mais ou menos aberta ou constrangedora, na medida em que associa homens para realizar uma produção económica fundamentando na sua capacidade de comunicação e de colaboração uma parte, tantas vezes essencial, da qualidade dos resultados e da intensidade das performances. Ora, só pelo facto de ela ser social, isto é constitutiva de laços de solidariedades duráveis, a realidade humana da empresa não pode deixar de ser histórica, confrontada tanto com os ciclos da vida interna como com a eventualidade de pressões externas. Pensar as vias e os meios do seu desenvolvimento torna-se por isso, uma urgente necessidade para as empresas que admitam a importância dos seus recursos humanos. (Sainsaulieu, 1997, p. 16)

Tomando como base a posição do autor, percebemos a importância de contextualizarmos as organizações empresariais nas dinâmicas sociais do seu entorno agindo sobre elas, bem como partir delas para o seu próprio desenvolvimento, não só no sentido econômico, como também no seu aspecto social.

Sendo assim, o autor (Sainsaulieu, 1997, p. 16) sustenta:

> Assim, toda a abordagem sociológica da empresa permite uma leitura renovada da realidade contemporânea dos seus factores de produção, explicitando o confronto perpétuo das forças sociais, frutos da sua experiência passada, com as capacidades de reacção exigidas pela antecipação dos imperativos do desenvolvimento futuro. Em termos de gestão, falar-se-á aqui inevitavelmente de modos de organização racional das forças produtivas. Em termos sociológicos, deve-se falar mais de construção de sociedade, de dinâmica de coesão social necessária à pertinência dos esforços de colaboração entre actores da produção.

Portanto, nessa reflexão, Sainsaulieu (1997, p. 17) evidencia a importância de situarmos essa discussão no campo da "ética de cidadania", na qual, conforme o autor: "Todos os produtores se sentem mais ou menos responsáveis em função das culturas e das histórias globais das sociedades". Logo, essas organizações devem ser pensadas além de sua contribuição para a produção econômica da sociedade, situando-se assim como um importante aspecto social da realidade humana, pois, como já destacado, elas se constituem em laços de solidariedade.

(.) Ponto final

Neste capítulo, entramos em contato com três dimensões importantes para as análises sobre as organizações empresariais. De um lado, mostramos a discussão conceitual sobre as diferentes formas estruturais das organizações empresariais, e de outro, mantendo uma relação muito íntima com a primeira, apresentamos o debate sobre o funcionamento das organizações empresariais.

Por fim, destacamos uma importante discussão empreendida pelo autor Renaud Sainsaulieu, que centraliza a sua análise na questão social das empresas, tendo como pano de fundo a premissa de que as organizações empresariais são um fator social e estão inegavelmente relacionadas e comprometidas com o próprio desenvolvimento da sociedade.

Atividade

1. Dentro da discussão sobre o sistema de autoridade formal nas organizações empresariais existem elementos considerados essenciais para o funcionamento das empresas. Entre eles, podemos destacar:
    a. os desejos dos trabalhadores.
    b. a documentação interna das empresas.
    c. a flexibilidade das relações.
    d. Nenhuma das alternativas anteriores.

(8)

Ciências sociais e
terceiro setor: aspectos teóricos

Paulo Ricardo Müller é bacharel em Ciências Sociais (2005) pela Universidade Federal do Rio Grande do Sul – UFRGS e mestre em Antropologia Social (2009) pela Universidade Estadual de Campinas – Unicamp. Tem como principais temas de interesse os processos de circulação transnacional de bens e pessoas – migrações internacionais, políticas de refúgio e exílio, patrimônios culturais, organizações internacionais – em seus aspectos políticos, econômicos, culturais e jurídicos.

Paulo Ricardo Müller

O terceiro setor é comumente definido como uma área de atuação socioprofissional de prestação de serviços, produção, distribuição, trocas e consumo diferenciada, do setor público e do setor privado concomitantemente. Como veremos neste capítulo, a emergência do terceiro setor, no Brasil, e as suas configurações específicas derivam da conjuntura histórica em que surgiram os movimentos coletivos que deram origem à forma atual dessa área, gerando diferentes formas de percepção e compreensão sociológicas e, consequentemente, diferentes modelos de análise desse fenômeno.

Não pretendemos produzir, aqui, uma periodização que demonstre a origem histórica dos modos de associação que caracterizam o terceiro setor, mas sim um quadro conceitual que permita a compreensão de seu funcionamento e de suas tendências sociopolíticas.

Buscaremos compreender o contexto histórico no qual emergem as práticas políticas exteriores aos setores público e privado para apropriarmos as ferramentas teóricas e metodológicas de interpretação do processo de institucionalização e de implementação dessas práticas. Em seguida, apresentaremos os debates e os problemas inerentes à atuação engajada em instituições, movimentos e organizações sociais autoidentificados com o terceiro setor como forma de suspender, metodologicamente, determinadas preconcepções voltadas à reprodução de argumentos de tomada de posição política ou de avaliações hierarquizadas dos resultados e efeitos dessas ações políticas sobre a realidade social.

Como consequência das duas observações anteriores, analisaremos as interfaces entre os desenvolvimentos teórico-metodológicos e analíticos, do ponto de vista sociológico, e o desenvolvimento do terceiro setor, como um campo de ações sociais com efeitos sensíveis na política, na economia e na cultura contemporâneas.

(8.1) Ação coletiva, movimentos sociais e sociedade civil organizada

O terceiro setor, no Brasil, caracteriza-se como um fenômeno sociológico após o surgimento e a difusão, por volta do início dos anos 1980, de movimentos coletivos formados com o objetivo de reivindicar e propor novas formas de organização do Estado, tanto na esfera político-burocrática – em que diversos grupos passaram a buscar representatividade – quanto na distribuição de recursos públicos – cuja expressão mais evidente foram as lutas pela reforma agrária.

A ideia da necessidade de uma "reforma do Estado" é uma expressão da abertura democrática – que só veio a se efetivar formalmente com a Constituição de 1988 e as primeiras eleições diretas em 1989, mas que vinha sendo aferida desde o último governo do regime militar, iniciado em 1980 – mas também uma consequência desta.

Por um lado, as mudanças no cenário político – eleições diretas para governantes e representantes parlamentares – exigiram uma reconfiguração dos mecanismos de relacionamento entre os poderes constituintes da federação e, principalmente, da relação da nova "esfera política" com a sociedade.

Por outro, possibilitaram a rearticulação de grupos de interesses antes clandestinos para disputar o poder e o estabelecimento de um espaço para a publicização dessas posições, sobretudo pela mídia oficial e pela propaganda política. Embora na esfera eleitoral essas posições tenham como representantes unicamente os partidos políticos, as ideologias e os programas a que dão forma por meio de plataformas de campanha também são sustentadas e elaboradas por grupos independentes, na forma de projetos de resolução de problemas sociais específicos, tais como a já citada questão agrária, e também nas áreas habitacional, da saúde, da educação, do desemprego etc.

A emergência desses grupos como atores da cena política – sistematizados na forma de entidades com estatutos e códigos de conduta próprios – é concomitante ao aumento da visibilidade de suas causas na agenda estatal, estabelecendo um espaço diferenciado de expressão de demandas, tanto em escalas locais quanto em escala nacional, em que essas organizações passam a operar como canais de comunicação de diferentes estratos sociais com o Estado e também com o mercado.

Essas organizações assumem, assim, um papel mediador entre duas esferas historicamente sedimentadas no pensamento social como polos de interesses opostos e complementares, incorporando características e modos de agir que tangenciam ambos. Por um lado, como sugere Martins (2000), as organizações constituídas com base na sociedade civil e no seu âmbito congregam pessoas em torno de interesses públicos manifestados por modos particulares de compreensão e de elaboração – visões de mundo, ideologias, culturas – das questões e dos problemas sociais que engendram suas ações. Por outro lado, a articulação desses diferentes particularismos contribui para a formação de redes em escalas mais amplas – regionais, nacionais, internacionais –, propícias para a realização de ações coordenadas como forma de evidenciar problemas sociais ou pressionar o poder público em favor de suas causas.

Sob uma perspectiva construtivista, ou seja, partindo de categorias correntes nas próprias experiências de associação e institucionalização de movimentos e organizações sociais, forma-se um quadro conceitual que permite uma compreensão dos mecanismos de articulação com base em diferentes "etapas" desse processo, que se sucedem de forma complementar, e não necessariamente linear. Essas categorias são: ação coletiva, movimentos sociais e sociedade civil.

A ação coletiva compreende diversos tipos de ação social com vistas a fins específicos, tanto mediatos quanto imediatos. Os fundamentos da ação coletiva residem, basicamente, na identificação dos sujeitos com esses fins e se caracteriza pela manifestação das reivindicações pela própria prática.

Os movimentos sociais resultam da implementação sistemática de ações coletivas fundamentadas em interpretações e de análises sobre o momento e a conjuntura política em que se inserem, formando coletivos relativamente coesos e autônomos, portadores de uma cultura organizacional própria. Essa cultura organizacional se traduz em uma visão de mundo unificada pelos valores que influenciam e orientam o entendimento dessas entidades sobre a sociedade e sobre suas próprias práticas.

O conceito de movimentos sociais se diferencia da concepção de ação coletiva pela atribuição desse caráter reflexivo aos primeiros. Embora unificados como grupos organizados, os movimentos sociais não são monolíticos na condição de redes de relações sociais, o que implica o surgimento de disputas entre diferentes visões sobre os rumos do movimento e da sociedade como um todo e, consequentemente, em clivagens internas relacionadas por meio de hierarquias de poder. Nesse sentido, um movimento social não corresponde a um único corpo coletivo, mas sim a uma série de entidades por meio das quais diferentes grupos se relacionam com os problemas-fim que as fundam.

Por isso, além do caráter reflexivo que marca a ruptura conceitual e terminológica entre a ação coletiva e as ações coordenadas que compõem os movimentos sociais, estes também se caracterizam pelo estabelecimento de um ambiente político voltado para questões de cunho social e de interesse público – as reformas sociais.

A noção de *sociedade civil* se enquadra no mesmo processo de compreensão e análise da realidade que caracteriza a constituição dos movimentos sociais. Ao demarcarem suas fronteiras tanto em termos ideológicos quanto pragmáticos, as entidades que se agrupam na forma de movimentos sociais reconhecem no Estado uma referência de organização burocrática da qual devem se afastar para poderem manter sua autonomia e identidade dentro dos limites e objetivos traçados para si. Com relação ao setor privado, a relação de diferenciação é travada, sobretudo, com a lógica do lucro e com o pensamento economicista de um modo geral.

A sociedade civil pode ser entendida, dessa forma, como um conceito que demarca a área de atuação dessas entidades, constituindo-se em um projeto coletivo amplo que, mais do que a soma dos particularismos, resulta da sinergia entre estes, fundando um espaço dotado de códigos semânticos e pragmáticos próprios, incorporada ao imaginário social como um modo alternativo de participação política, mas também como uma possibilidade de atuação profissional e de acesso a serviços.

A formação da sociedade civil no Brasil pode ser pensada com base na análise do do uso diferenciado do termo em dois períodos distintos:

1. o período entre os anos de 1970 e 1990, em que se estaria operando com categorias normativas sobre os movimentos sociais, com vistas a uma "real" emancipação da sociedade civil;
2. o período que vai de 1990 em diante, quando se inicia a elaboração de um *corpus* conceitual que permite entender a dinâmica entre os sujeitos que passam a manifestar filiação à sociedade civil, e as circunstâncias nas

quais os movimentos sociais vislumbram oportunidades de lançamento de campanhas e ideias em prol de suas causas, trazendo à tona concepções e teorias sociais que subsidiam os debates e as tomadas de posição da e na sociedade civil organizada.

Do ponto de vista teórico, o segundo período representa um salto de qualidade na medida em que desloca o conceito do contexto em que este é produzido, ou seja, tipifica a ideia de sociedade civil para poder compreender o fenômeno como um todo, tanto em sua unidade como em sua diversidade, seja no sentido sincrônico – variações regionais, ideológicas, culturais, dentro de um mesmo recorte espaço-temporal –, seja no sentido diacrônico – transformações na sociedade civil como um processo de longo prazo. Por outro lado, a tipologia ou o mapeamento de tendências gerais afasta a análise sociológica das práticas associativas não institucionalizadas e de projetos, estratégias e negociações informais, elementos subjetivos igualmente constitutivos das causas sociais e reivindicações que operam como narrativas da origem de movimentos e organizações sociais.

(8.2) Terceiro setor, organizações não governamentais (ONGs), políticas sociais

O desenvolvimento das relações que compõem a sociedade civil organizada tem como paralelo a consolidação das instituições democráticas estatais. No Brasil, a regulamentação das funções do congresso e do senado por meio de sua adequação à nova Constituição Federal (1988), à independência conferida aos tribunais de justiça, aos tribunais de contas e aos ministérios públicos e à criação de fundações, institutos e autarquias filiadas aos ministérios e às secretarias federais e estaduais concorrem para uma delimitação da personalidade jurídica e social do Estado e, consequentemente, do seu alcance e da sua ingerência em relação aos temas de maior influência sobre a opinião pública.

Nesse contexto (década de 1990), a relação entre a esfera estatal, o empresariado e a sociedade civil organizada era pautada por uma série de tensões entre diferentes perspectivas sobre a divisão do trabalho relativa à prestação de serviços, área já reconhecida e desenvolvida como um setor produtivo ao lado da agricultura e da indústria, e ao papel tanto do Estado quanto do mercado na promoção de desenvolvimento econômico-social.

A principal expressão desse debate na primeira metade da década de 1990 foi a conferência internacional conhecida como ECO-92, realizada no Rio de Janeiro, centrada na questão ambiental. A participação dos estados e da esfera privada se traduz sistematicamente em protocolos de compromisso com a prevenção ou a redução da emissão de poluentes e de planos de ação para reverter efeitos já constatados. A presença de organizações e movimentos sociais se dá pelas manifestações organizadas por associações comunitárias que acabam por atrair olhares para modos de concepção e intervenção direta na questão ambiental, ainda que desprovidos de modelos acabados de planejamento e de recursos adequados para isso. Por si só, essas formas alternativas significaram um questionamento dos modelos organizacionais convencionais, mas também geraram um senso de instabilidade dos resultados de seus procedimentos.

Ainda sem fronteiras jurídicas e administrativas regulamentadas, o lugar desse "terceiro setor" como ator político suscita diferentes modos de interpretação de sua função social no contexto global. Como entidades articuladas em função de objetivos de interesse público – questões constantes nas pautas governamentais e intergovernamentais, como o tema ambiental, questões trabalhistas e de proteção aos direitos democráticos, direitos humanos, entre outros –, incorrem em relações de conflito com o Estado no que diz respeito à abordagem de políticas públicas ao explicitarem reivindicações, aspectos e dados não contemplados em sua elaboração a respeito dos grupos sociais atingidos.

Mais do que isso, estabelece-se um tipo de "disputa de território" entre as ações propostas por organizações sociais e as políticas públicas estatais direcionadas a regiões e sujeitos em condições similares. No entanto, a conflitualidade também aponta para uma relação de complementaridade na medida em que Estado e organizações do terceiro setor podem atuar em escalas diferenciadas de contato com os públicos-alvo dessas políticas. Não obstante, as organizações sociais são criadas e conduzidas por iniciativas particulares, sendo instruídas pelo direito privado.

A ambiguidade desse domínio privado de interesse público emerge na forma de ONGs, categoria que passa a designar uma profusão de entidades sem fins lucrativos, criadas por iniciativa de particulares com o propósito de atuar no âmbito social, evidenciando uma noção de "público" dissociada do campo de ação estatal.

Essa tendência é explicada, sobretudo, por uma ruptura com a estrutura de poder no contexto internacional, iniciada ainda na década anterior. Com o fim da Guerra Fria, simbolizado pela derrubada do muro de Berlim, perdeu sentido o alinhamento ideológico que fundamentava a hegemonia norte-americana como potência ocidental por oposição à União Soviética como líder do "bloco socialista". Da mesma forma, no contexto nacional, o par liberal *versus* comunista dá lugar à tensão entre novos modelos de desenvolvimento a serem adotados, ainda que mantivessem, nominalmente, essas filiações.

Com a década anterior marcada por uma "crise" ligada aos processos de industrialização dos países "em desenvolvimento" – com a extração e o fornecimento de petróleo e aço atingindo o auge de um ciclo e provocando um decréscimo de liquidez dos produtos das indústrias que haviam sido estratégicas para o crescimento do produto interno bruto (PIB) de muitos países do então "terceiro mundo", a automobilística sobremaneira –, a ideia de crescimento prevalecente nesse novo contexto foi centrada na retomada do desenvolvimento econômico com base em um ideário emergente entre analistas políticos e econômicos, que concebia uma relação necessária entre democratização e desenvolvimento.

Esse ideário, classificado como NEOLIBERAL nos meios acadêmicos e utilizado pelo pensamento de esquerda como categoria de acusação, dava nova roupagem à filosofia do "Estado mínimo" – característica do pensamento liberal burguês que fundamentou as revoluções e os nacionalismos no fim do século XIX e no início do XX, por isso o prefixo NEO (novo) –, incutida por um sentimento de "vitória" do capitalismo e do liberalismo diante do desmonte da União Soviética.

Nesse contexto, a atuação das ONGs também é criticada por supostamente contribuir para a consolidação do neoliberalismo como orientação política, estabelecendo uma aliança por meio da transferência de responsabilidades do Estado para o terceiro setor. O conceito de "não governamental" aplicado de forma irrefletida ao campo de entidades e práticas "sem fins lucrativos" no Brasil deriva principalmente do contexto norte-americano, em que a filosofia do Estado mínimo se apresenta como um valor constitutivo da nação e de todo o aparato estatal, tornando o formato neoliberal de administração pública a reafirmação de um modelo de expansão política e econômica fundado na iniciativa privada.

Nesse caso, as políticas públicas estatais são concebidas como atos de intervenção decididos diferenciadamente pelos governos e legitimados apenas em momentos de "crise" ou quando demandados pela sociedade, cabendo a esta a gestão dos serviços atinentes ao cotidiano social. Assim, a margem de ação estatal coincide com a margem que o próprio governo tem para regular ou determinar leis e normas que interfiram nesse cotidiano, sob pena de ferir as liberdades individuais.

No Brasil, a emergência da sociedade civil organizada e das políticas neoliberais ocorrem em contraposição a uma tradição de "gigantismo" da esfera estatal, que remonta ao próprio processo de independência como um ato governamental – ainda que pressionado por segmentos da incipiente sociedade nacional –, passando pelo modelo paternalista de "Estado-providência" da ditadura de Getúlio Vargas e pelo autoritarismo da ditadura militar.

Para Carvalho (1995) e Saes (2001), a centralidade do Estado na reflexão sobre o país é questionada com base na noção de cidadania, que deixa de ser entendida apenas como a condição individual conferida pela origem nacional – os cidadãos brasileiros –, para abranger o protagonismo de grupos particulares como promotores de desenvolvimento econômico, político e social e a autodeterminação das identidades sociais dissociadas e independentes da nacionalidade. Assim, mais do que uma função substitutiva ou complementar ao Estado, o terceiro setor representa uma ampliação da esfera pública, decorrente da aderência de uma série de novos atores ao debate acerca das necessidades e problemas sociais do país por meio da participação direta e localizada.

Podemos dizer, com isso, que o terceiro setor é consequência do processo de afirmação da sociedade civil resultante da profissionalização do ativismo político que caracteriza os diversos movimentos sociais, impulsionados pela percepção de cidadania como uma prática de transformação social.

A denominação ONG não se aplica como personalidade jurídica específica, mas opera como uma forma de amplo reconhecimento das ações de uma instituição em prol de alguma causa social e de seu caráter não governamental e não lucrativo, bem como de outras características com as quais as próprias ONGs buscam se definir, tais como o apartidarismo e uma relativa independência ideológica.

Com o seu reconhecimento conferido pela própria sociedade, frequentemente pela comunidade em que se inserem como mediadores de demandas locais ou pelo próprio grupo social que as compõem para reivindicar direitos, inicialmente as ONGs não passam por um processo rigoroso de formalização, limitando-se à elaboração de estatutos e de códigos de ética para controle e unificação do planejamento das abordagens, atividades e campanhas propostas na forma de "projetos sociais", cujo principal objetivo é a captação de recursos concedidos por instituições filantrópicas internacionais e programas de financiamento e incentivo estatal, em nível federal e estadual.

De acordo com Lopes (2004), com o desenvolvimento do terceiro setor implicando um crescimento de fluxos nacionais e internacionais de capital e de recursos humanos geridos por essas organizações, inicia-se um processo de ressignificação de conceitos políticos e, sobretudo, de constituição de novos paradigmas de gestão e cultura política que levem em conta as especificidades das relações de trabalho nessas entidades.

Esse processo dá origem a dois debates: um relativo ao marco legal de atuação das ONGs no Brasil; outro sobre a necessidade de se estabelecer uma conceitualização mínima de terceiro setor, ambos promovidos em concomitância pelos meios acadêmicos, legislativos, políticos e das próprias organizações, nos quais circulam intelectuais e trabalhadores que representam diferentes áreas do saber e, por isso, diferentes contribuições teóricas e práticas para essas definições.

O debate sobre o marco legal de atuação das ONGs no Brasil é consequência do próprio crescimento do terceiro setor. A notoriedade das políticas públicas conduzidas por essas organizações em diversos lugares do Brasil, recortados pela mídia oficial como casos isolados de "sucesso", amplia o senso de indefinição e de deformidade das ações de entidades sociais, enquanto a veiculação de ocorrências de irregularidades procedimentais e fiscais em algumas entidades acaba por produzir um sentimento de desconfiança generalizado em relação às ONGs. Assim, a constituição de um marco legal objetiva cumprir diversas funções na relação entre os diferentes atores desse debate.

Do ponto de vista do Estado, as organizações sociais proporcionam controle e garantias formais de transparência na aplicação dos recursos captados; do ponto de vista das organizações, além desses fatores, é também um mecanismo de defesa e uma fonte de legitimidade; e para a opinião pública, uma forma de classificação que permite agrupar uma série de experiências heterogêneas. De acordo com a Associação Brasileira de Organizações Não Governamentais – Abong (2007), o resultado técnico desse processo vem com a promulgação de leis que instituem os formatos – associações ou fundações – e as personalidades jurídicas – Organizações Sem Fins Lucrativos (OSFL), Organizações da Sociedade Civil (OSC) e Organizações da Sociedade Civil de Interesse Público (Oscip) – com as quais se pode oficialmente reconhecer uma ONG.

Segundo Lavalle et al. (2006), por sua vez, o debate conceitual relaciona-se, por um lado, com a busca de um fundamento epistemológico para a demarcação metodológica de terceiro setor como um universo sociopolítico empírico e também como uma especialidade acadêmica, permitindo a interlocução entre diferentes formas de representação, tanto de interpretações do fenômeno quanto de posições políticas e grupos sociais, por meio de um vocabulário comum, cumprindo assim, uma função heurística. Por outro lado, de acordo com Nogueira (2003), a uniformização conceitual também tem uma função compreensiva, na medida em que permite a visualização de diferentes modos de agenciamento e significação dos termos e dos fenômenos que compõem esse campo em diferentes conjunturas históricas.

Finalmente, além de seu papel funcional, também podemos atribuir às ONGs a disseminação de um pensamento fundamentalmente "social" que passa a adjetivar uma série de tipos organizacionais, de gestão, de propriedade e de trabalho pensadas como formas de praticar a cidadania, a solidariedade e a justiça. Seja pela ação assistencial direta, seja pela representação de interesses, seja pelo empreendedorismo ou pelo clamor à opinião pública, o terceiro setor se estabelece como um recurso político e econômico para uma parcela da população à qual os mecanismos oficiais de promoção de desenvolvimento são inacessíveis.

A ascendência das questões levantadas no âmbito da sociedade civil sobre a agenda governamental exerce influência sobre as direções tomadas pela esfera estatal. Depois dos anos 2000, as plataformas de governo já não podem ignorar as manifestações, as reivindicações e as demandas advindas da sociedade civil por meio de suas organizações, fazendo do "social" um valor não apenas altruísta, mas também eleitoral e mercadológico, o que acaba por conduzir plataformas políticas tradicionalmente enquadradas na esquerda, de caráter trabalhista e reformista, ao poder, com o apoio de ampla maioria da sociedade, incluindo uma parcela significativa do empresariado. Nesse sentido, o principal produto da ação do terceiro setor é o atrelamento do "social" às concepções de desenvolvimento anteriormente focadas na economia de mercado, dando ênfase a políticas sociais de distribuição de renda, criação de postos de trabalho e de acesso à educação e à saúde como formas de desenvolvimento, e não apenas de assistencialismo.

(.) Ponto final

Analisar o terceiro setor sob uma perspectiva sociológica abrangente implica em duas formas de nos relacionarmos com ele. A primeira é pensar NO terceiro setor buscando entender as condições e os processos sociais, culturais e históricos que permeiam sua inserção na ordem social como um campo relativamente autônomo de práticas, representações, simbolismos e identidades constantemente agenciados por diferentes atores – sejam estes individuais ou coletivos – como argumentos de legitimidade das posições que assumem diante de seus pares e de toda a sociedade.

A segunda é pensar o terceiro setor percebendo esses aspectos pela objetivação dos valores e das linguagens que orientam as ações desses mesmos atores, propiciando uma interlocução eficaz que possa diluir fronteiras entre a teoria sociológica estabelecida na condição de disciplina acadêmica e as teorias sociais em devir nas experiências sociais. Por meio da combinação dessas formas, podemos criar ferramentas que nos permitam identificar e avaliar tendências e problemas da evolução do terceiro setor e da autodeterminação das organizações da sociedade civil no mundo contemporâneo.

Atividade

1. O conceito de *movimentos sociais* se diferencia da concepção de *ação coletiva* por abranger:
   a. as quantidades significativas de sujeitos.
   b. o caráter reflexivo e político das relações que os constituem.
   c. as relações de poder.
   d. as ações sociais voltadas para fins específicos.

(9)

Ciências sociais e terceiro setor:
aspectos empíricos

Paulo Ricardo Müller

As entidades do terceiro setor apresentam-se de forma amplamente diversificada e heterogênea, destacando-se: associações, fundações, institutos, redes, fóruns, movimentos, cooperativas e ligas, entre outras. Caracterizam-se por diferentes práticas: reivindicação e defesa de direitos, assistência social, qualificação profissional, monitoramento ambiental, produção cultural etc. Por um lado, a diversidade e a fluidez das dinâmicas organizacionais do terceiro setor, constantemente readaptadas aos contextos sociais em que se inserem, impedem uma abordagem empírica ampla que permita uma tipologização categórica de suas práticas e representações. Por outro lado, suas características jurídicas reduzem o entendimento de terceiro setor à sua relação com o Estado, o que implicaria excluir dessa abordagem diferentes vínculos e institucionalidades estabelecidos segundo afinidades e negociações informais decorrentes das interações cotidianas entre os atores sociais. Assim, neste capítulo, procuraremos explicitar as lógicas que orientam as articulações e as posições políticas das entidades. Não pretendemos, com isso, esgotar as fontes de caracterização do terceiro setor nem apontar exemplos "representativos" de seu todo, mas sim sugerir áreas de interesse e tipos sociais de organização pelos quais o terceiro setor tem se apresentado publicamente, indicando possíveis portas de entrada nesse campo de debates.

(9.1) Instâncias de articulação do terceiro setor

As causas sociais que motivam a criação de ONGs em seus diversos formatos operam como princípios de identidade norteadores de suas ações. No entanto, o funcionamento das organizações depende da combinação de uma série de competências que não podem ser supridas unicamente por especialistas no eixo temático ou no público-alvo que as caracteriza.

A pluralidade de identidades, de culturas e de políticas organizacionais das ONGs torna-se evidente em sua relação com o outro, seja este o Estado, seja as empresas ou as outras ONGs. Seguindo essa perspectiva relacional, podemos buscar nas instâncias de articulação do terceiro setor uma forma de identificar uma lógica de divisão social do trabalho que nos permita mapear esses princípios de identidade e entender como eles se cruzam na prática.

Por instâncias de articulação, devemos compreender os espaços criados pelo próprio relacionamento entre as organizações destinadas ao intercâmbio de estratégias, de experiências e de resultados e também ao posicionamento e à afirmação políticas destas. Uma instância de articulação notória é o Fórum Social Mundial, que não se apresenta como um evento nem como uma organização, mas como um processo constante de articulação de entidades alinhadas a uma carta de princípios.

O Fórum Mundial de Redes da Sociedade Civil, batizado como Ubuntu, caracteriza-se por seu ideal – "promover a cooperação entre indivíduos, culturas e nações" – e é composto pelas organizações que o subscrevem. Esses são exemplos de instâncias de articulação informal, que não assumem uma personalidade jurídica específica. No entanto, essas instâncias podem se constituir igualmente como organizações cujo propósito é a própria articulação entre diferentes organizações. São exemplos de organizações desse tipo a Assossiação Brasileira de Organizações Não Governamentais (Abong) e a Rede de Informações para o terceiro setor (Rits), ambas com o propósito principal de promover a interação e o compartilhamento de informações entre as organizações associadas, como estratégia de fortalecimento do terceiro setor e da sociedade civil como um todo. O foco nas articulações interorganizacionais permite visualizar como diferentes princípios de identidade se cruzam na formação de redes, fóruns e associações. Uma lista de projetos de leis federais, apresentadas pela Rits durante o ano de 2004, com o objetivo de subsidiar a discussão sobre um novo marco legal para as ONGs, oferece os seguintes itens como áreas de atuação do terceiro setor: crianças e adolescentes, direitos humanos e sociais, educação, informação/infoinclusão, meio ambiente, mercado de trabalho, pessoas com deficiência, religião e saúde, além das categorias residuais "geral" e "outros". Entre essas categorias, duas denotam públicos-alvo: crianças e adolescentes e pessoas com deficiência. O restante das categorias representa eixos temáticos aplicáveis a qualquer público-alvo.

A justaposição de diferentes princípios de identidade organizacional – públicos-alvo e eixos temáticos – explicita a função dessas categorias como representações de interesses ligados não somente aos propósitos que motivam a criação das organizações – as causas sociais –, mas também ao posicionamento político destas em relação ao modo como são conduzidas as ações de promoção da cidadania e como são geridas as políticas sociais.

Para Lopes (2004), as organizações do terceiro setor, com os movimentos sociais e as representações do Estado na sociedade (conselhos de gestão, fóruns participativos, câmaras setoriais etc.), instituem o espaço público por meio do estabelecimento de um debate acerca de quais são as demandas e necessidades sociais que representam o "interesse público", produzindo, nesse sentido, disputas das organizações entre si e destas com o Estado, que explicitam as relações de poder e possibilitam um mapeamento das posições assumidas pelas temáticas e práticas das ONGs nesse debate. Diferentes enfoques empíricos sobre o terceiro setor são construídos com base em diferentes escalas de observação desse processo. Seguindo Elias (2000), partimos de uma escala mais ampla, focada no terceiro setor como um processo dinâmico e histórico de longo prazo, para chegarmos a uma escala "situacional", focada nos agenciamentos e nas estratégias políticas localizadas.

(9.2) Evolução sociopolítica, práticas organizacionais, contextos situacionais

A abordagem demográfica sobre o terceiro setor por diferentes recortes históricos ou pela comparação entre diferentes cenários nos permite pesquisar sua evolução em função de diferentes fatores sociais expressos em variáveis quantitativas e qualitativas. As próprias ONGs, e principalmente as instâncias de articulação e de associações de organizações, são fontes de dados e indicadores, ao mesmo tempo em que são sujeitos dessa reflexão. Os fatores expressos em variáveis quantitativas apontam, sobretudo, para o número de ONGs em diferentes períodos agrupadas segundo princípios de identidade que permitam cruzamentos com fatores expressos em variáveis qualitativas. De acordo com a pesquisa Perfil das Associadas[a], realizada pela Abong em 2004, o número relativo de ONGs associadas promotoras de atividades voltadas para o benefício de organizações populares e movimentos sociais era de 61,88%, e de atividades voltadas para o benefício de outras ONGs totalizavam 26,73%[b], sugerindo um alinhamento político significativo ao propósito da associação, que é articular e consolidar as relações entre as organizações do terceiro setor. Por meio de outro princípio de identidade que não os beneficiários visados, mas o "tipo de intervenção" utilizada, temos uma indicação complementar à primeira, que diz que 65,35% das ONGs têm na "capacitação técnica/política" uma de suas principais práticas institucionais. A qualificação de hipóteses levantadas pela observação desses dados possibilita novas pesquisas sobre a posição desses princípios de identidade como "interesses públicos" negociados no espaço público instituído pelas organizações.

Nesse caso específico, poderíamos questionar a complementaridade entre a visibilidade do debate sobre o novo marco legal para a atuação das ONGs, a disponibilização de uma lista de projetos de lei federais em tramitação no legislativo e a concentração das ONGs associadas à Abong em atividades voltadas para a capacitação técnica/política de organizações populares, movimentos sociais e outras ONGs, ao mesmo tempo como expressões de uma trajetória já percorrida e como projetos de aprofundamento do processo de institucionalização das ONGs no Brasil instituídos pela posição que estes atores – a própria Abong e as ONGs associadas – ocupam nas disputas pela legitimação dessa questão como um item das agendas estatal e não estatal.

---

a. Pesquisa disponível em: <www.abong.org.br>.
b. Os dados são referentes a perguntas com respostas múltiplas, logo, as percentagens são cumulativas.

O caráter polissêmico desses indicadores é derivado da própria configuração política e cultural das organizações do terceiro setor, refletindo, como já dito, em uma trajetória já percorrida e um projeto de sociedade – de nação, de cidade, de comunidade etc. – relacionado com o campo de possibilidades de inserção de suas propostas e ideais no debate travado no espaço público. Isso quer dizer que o processo de institucionalização e o reconhecimento social têm um papel importante na definição da identidade organizacional dessas entidades, na medida em que balizam a avaliação das experiências com a implementação de projetos sociais nos termos de sua eficácia nas vidas dos grupos beneficiários – o interesse público que representam – e em termos de eficiência no cumprimento de planejamentos e metas no ambiente privado.

A institucionalização do terceiro setor, em concomitância com a profissionalização do ambiente organizacional privado das ONGs, evidencia uma tendência à dissociação entre uma visão "social" – preocupada com a promoção da cidadania por meio da melhoria das condições de vida das comunidades, cidades ou regiões em que atuam – e uma visão "técnico-administrativa" – preocupada com a operacionalidade das ONGs e com a apresentação de contrapartidas às fontes de recursos financeiros e humanos para os projetos sociais que desenvolvem – sobre o trabalho e a função social dessas entidades, gerando um impasse entre os modelos de gestão organizacional estabelecidos pelo pensamento empresarial aplicados às relações de trabalho internamente e a demanda por alternativas de adesão ao sistema produtivo externamente às organizações. Em outras palavras, formou-se um esquema de divisão do trabalho, no qual o trabalho gerencial termina – com a realização das atividades propostas pelos projetos sociais: oficinas, cursos, eventos, construção e instalação de infraestrutura etc. – quando começa o trabalho social – de manutenção das atividades por meio da aplicação de competências específicas para cada caso: esportivas, artísticas, artesanais, laborais etc.

Assim, de acordo com Dowbor (1999), na escala de observação das "práticas organizacionais", podemos encontrar diferentes questões, a começar pela análise dos significados implícitos no conflito entre os discursos "administrativo" e "social" e na elaboração de um discurso de "gestão social", que tem como objetivo pensar os sistemas de produção como investimento concomitante em insumos e em condições sociais de trabalho, amalgamando o "social" à concepção economicista de desenvolvimento estabelecida no pensamento político.

A ideia de gestão social busca interligar, dessa forma, os ambientes público e privado das organizações, ampliando a percepção das atividades de assistência e a prestação de serviços básicos como resultados dos projetos das ONGs, passando a abranger a instrumentalização dessas novas condições sociais como mecanismos de promoção de desenvolvimento socioeconômico. O crescimento do associativismo, localizado na forma de associações comunitárias representando suas próprias demandas e necessidades, introduz o tema da emancipação dos públicos-alvo das políticas sociais geridas pelas ONGs em relação às ações assistenciais tidas como paliativas.

Os casos de conquistas que determinadas comunidades obtêm por meio de suas associações locais suscitam a emergência da solidariedade como uma expressão do valor do associativismo e da ação coletiva, por oposição a seu significado meramente altruísta e individual utilizado no âmbito das práticas beneficentes.

No entanto, é no âmbito econômico que a solidariedade passa a ter um valor distintivo, na medida em que diferencia os casos individuais de ascendência social e econômica, iniciada em classes baixas ou grupos sociais marginalizados, do crescimento econômico sistemático de comunidades, bairros e municípios, gerado por empreendimentos autogestionados resultantes da mobilização coletiva, cuja articulação com o terceiro setor dá origem à Economia Solidária – uma área de concentração de políticas públicas estatais e não estatais, programas de incentivo financeiro e debates acadêmicos e políticos.

Os empreendimentos sociais ou solidários – cooperativas, redes de profissionais, cadeias de produção, estabelecimentos comerciais – apresentam-se, assim, como fontes importantes para a compreensão de como vem se construindo o campo de atuação profissional no terceiro setor, que tem como desafios não só o aproveitamento de ofícios e de competências já adquiridas como também a qualificação de seus trabalhadores para as relações de mercado.

Por um outro viés, esses empreendimentos também se constituem um polo no debate sobre os modelos de gestão para organizações sociais, na medida em que apresentam alternativas práticas de gerenciamento da produção e das relações de trabalho e de desenvolvimento de planos e metas. Além disso, o processo do qual deriva o campo da Economia Solidária influencia também o meio empresarial privado, que encontra em programas e projetos sociais uma nova forma de relacionamento com o consumidor/cliente, tanto por meio da incorporação de aspectos da "gestão social" quanto da construção de um movimento próprio de instituição do espaço público por meio da recuperação do lema da Responsabilidade Social Empresarial (RSE).

A ideia de RSE se constituiu paralelamente no Brasil e nos EUA, a partir da década de 1960. No contexto norte-americano, a responsabilidade social é elaborada como uma reação a pressões de movimentos por direitos civis em prol de ambientes empresariais democráticos, o que vinha afetando a economia privada pelo crescente rechaço dos consumidores em relação a produtos e serviços relacionados com práticas "politicamente incorretas".

No Brasil, esse movimento caracterizou-se como uma crítica ao autoritarismo do Estado que alguns grupos empresariais, identificados com um pensamento cristão progressista, enxergavam sob o prisma da limitação à livre concorrência. Na década de 1980, com a abertura política sinalizada, algumas empresas passaram a incentivar a realização de eventos e programas de auxílio filantrópicos nas comunidades circundantes como uma forma de relacionamento com os próprios empregados por meio de seus ambientes fora das empresas.

Segundo Cappellin e Giffoni (2007), na década de 1990, enquanto a visão norte-americana sobre a responsabilidade social foi incorporada à cultura organizacional de propriedade privada regulada com base nos direitos e no próprio comportamento do consumidor, no Brasil a discussão voltou-se para o tema da sustentabilidade da expansão econômica das empresas diante da tensão entre a tendência à liberalização da legislação trabalhista, agudizada pelo alinhamento brasileiro ao projeto neoliberal e a resistência à desregulamentação das entidades representativas dos trabalhadores, aliadas a movimentos sociais e partidos de esquerda.

A RSE no Brasil é orientada por uma legislação que determina a destinação de porcentagens mínimas do faturamento das empresas a projetos sociais, tendo como contrapartida isenções fiscais progressivas proporcionais às doações, além da concessão do título de "filantrópica" a entidades que prestam serviços em cotas gratuitas a determinados públicos. As práticas de RSE não se constituem políticas sociais, mas atos e programas filantrópicos e/ou beneficentes em prol de determinadas comunidades ou determinados públicos, por meio do repasse de recursos para a execução de projetos sociais.

A discricionariedade das empresas para decidir a destinação desses repasses no universo de projetos e de ONGs disponíveis atribui um sentido ambíguo à RSE, pensada não apenas como uma doação, mas como um investimento com perspectivas de "retorno": um retorno público indicado pelos benefícios prestados aos grupos beneficiários, mas também um retorno privado, ainda que indireto, decorrente da divulgação comercial dos projetos e ações de RSE.

Dois fatores principais contribuem para o estabelecimento desses moldes de RSE no Brasil: (1) a crescente valoração ético-moral do campo semântico das organizações e políticas sociais, em vista do aumento de visibilidade de empreendimentos sociais/solidários; (2) a identificação, em larga escala, do empresariado brasileiro com os modelos organizacionais norte-americanos, os quais aplicam a responsabilidade social por meio das áreas de desenvolvimento em "investimento social" e *"marketing* social".

Para Paoli (2002), o sentido ambíguo da RSE é explicitado na forma de críticas à propaganda que empresas fazem dos projetos sociais que financiam – derivando retorno financeiro das doações por meio da incorporação de "valor social" à sua marca e aos seus produtos –, diante da ausência de instrumentos sistemáticos de avaliação dos impactos sensíveis dessas ações sobre os beneficiários.

A noção de "práticas organizacionais" foi utilizada aqui para compreendermos a forma como a interação entre diferentes organizações é instituidora do terceiro setor não somente como o conjunto de entidades sem fins lucrativos, mas como um campo de atuação socioprofissional dotado de lógicas próprias, as quais operam como mecanismos de controle e de reconhecimento social. Ou seja, a adesão ao terceiro setor não se dá unicamente pela formalização ou constituição de organizações, mas pela incorporação de um *modus operandi* que comunica o compartilhamento de valores, condutas e visões de mundo.

Entretanto, isso não significa dizer que haja um consenso amplo acerca de diretrizes, regras de atuação e de pertencimento ao terceiro setor. Pelo contrário, como já exposto aqui, o terceiro setor abrange uma gama diversificada de experiências e de práticas sociais articuladas em diferentes escalas. A oposição construída entre a profissionalização dos trabalhadores em ONGs e o comprometimento com as causas sociais é ilustrativa da heterogeneidade de significados atribuídos ao "social" e ao projeto de sociedade representado pelo terceiro setor no debate instituinte da esfera pública. Dessa forma, a abordagem empírica do terceiro setor não implica em um cercamento de instâncias menores e mais viáveis para a pesquisa – determinadas comunidades, ONGs, projetos, ações, discursos, séries históricas etc. –, mas na observação da relação dialética entre a parte e o todo dentro dos universos de pesquisa selecionados.

É preciso, portanto, voltarmo-nos para a escala "situacional" do terceiro setor, ou seja, para recortes de pesquisa focados nas relações cotidianas entre agentes das políticas sociais – atores das ONGs, das instituições estatais, das empresas, dos grupos beneficiários e da academia –, com o objetivo de compreendermos as estratégias, as negociações e as trocas inseridas em contextos políticos, históricos, sociais, econômicos e culturais específicos e como componentes de políticas, ações, projetos e empreendimentos que contribuem para a delimitação do universo de pesquisa.

Assim, essa abordagem não implica atomização do campo de observação empírica – uma análise DO LOCAL –, mas uma forma de relacionar aspectos conjunturais com as escolhas e os vínculos estabelecidos intersubjetivamente em diferentes situações, de acordo com estratégias de inserção e de mobilidade nas redes de relações sociais sobre as quais são construídos os tipos societários com os quais se identifica o terceiro setor, nesse sentido, uma análise NO LOCAL. Por fim, o foco na escala situacional possibilita a operacionalização de categorias e de processos ambíguos como instrumentos de análise e avaliação de casos concretos em que há disputas em torno dos significados atribuídos ao "impacto" das políticas e ações sociais para os públicos beneficiários.

(.) Ponto final

O objetivo central deste capítulo foi indicar os modos de apreensão do terceiro setor no contexto sociopolítico contemporâneo, por meio dos quais é possível chegar a diferentes recortes de análise. As instâncias de articulação são profícuas nesse papel, uma vez que propõem panoramas e cenários possíveis do terceiro setor, ainda que limitados às organizações participantes ou associadas.

A abordagem histórica/demográfica desses cenários mostra-se uma ferramenta importante para a compreensão da correlação entre a composição da agenda pública e a emergência de demandas sociais por meio do terceiro setor. A abordagem das práticas organizacionais nos permite uma análise de diferentes lógicas de gestão, de gerenciamento, de elaboração e de avaliação de projetos sociais, apontando para duas formas de expressão da relação entre as ONGs e os públicos beneficiários: a inserção no mercado por empreendimentos produtivos com uma perspectiva de "economia solidária" e a assistência continuada por meio de projetos de relacionamento entre empresas e comunidades com uma perspectiva de "responsabilidade social". Finalmente, chegamos a uma abordagem "situacional", cujo objetivo é apreender a incidência de fatores conjunturais nas práticas e estratégias que orientam a formação de redes de relações sociais que dão base para a emergência do terceiro setor.

Atividade

1. A abordagem do terceiro setor com base em suas instâncias de articulação permite-nos entender como as organizações se relacionam ancoradas em diferentes princípios de identidade. Esses princípios de identidade cumprem papéis simultâneos na dinâmica social do terceiro setor, que são:
   a. um papel funcional, que indica os ramos de atividade, e um papel formal, que indica o tipo jurídico das ONGs.
   b. um papel comunitário, que indica o público-alvo, e um papel profissional, que indica os tipos de competência agenciados pelas ONGs.
   c. um papel funcional, que indica os ramos de atividade, e um papel político, que indica a posição que as ONGs buscam ocupar no espaço público.
   d. um papel administrativo, que indica a abrangência regional, e um papel assistencial, que indica os tipos de serviços prestados pelas ONGs.

(10)

O cientista social nas organizações: subsídios teóricos e empíricos à prática

Francisco dos Santos Kieling

Neste capítulo pretendemos construir um sentido que permita alinhavar os capítulos anteriores, de modo a construir um sentido geral à prática do cientista social nas diversas organizações. Para isso, situamos as potencialidades da contribuição desse profissional nos mais variados tipos de organização, que contemplem, nos seus objetivos, a contribuição para a construção de uma sociedade mais justa, baseada em princípios de cidadania.

No percurso, destacamos alguns elementos teóricos relevantes às contribuições qualificadas que o profissional da área oferece às organizações, especialmente àquelas situadas no Brasil, de modo a indicar como a ação do cientista social impacta as organizações. Entre os conhecimentos a serem destacados estão os teóricos, os metodológicos e os práticos, que, impulsionados pelas novas tecnologias e potencializados pela coordenação coletiva, permitem a contribuição do profissional na constituição de redes sociais internas e externas à organização e na construção de ações socialmente responsáveis.

Perpassa por todo o capítulo a ideia geral de que o profissional formado em Ciências Sociais está habilitado ao trabalho individual e coletivo nas diversas organizações, nos diferentes setores de atuação, sejam públicos, privados ou do terceiro setor. Como precondição para a atividade do profissional, basta o engajamento da organização no projeto histórico-social de longa duração de construção ampliada das bases da cidadania no país.

(10.1) A contribuição do cientista social nas organizações

Ao longo do livro *Ciências sociais nas organizações*, a equipe de autores procurou indicar caminhos analíticos possíveis de serem percorridos pelo cientista social ao investigar as organizações. De modo algum o panorama traçado esgota o tema. Para cada um dos caminhos possíveis faz-se necessário um aprofundamento teórico e empírico só possível de ser realizado tendo como base a prática profissional e as obras específicas sobre cada tema.

O desafio de apontar possibilidades analíticas teve como intenção subsidiar o cientista social que trabalhará nas diversas organizações. Por isso, neste capítulo de encerramento, passamos por todos os capítulos situando as principais contribuições teóricas e empíricas abordadas, com o intuito de refletir sobre esses subsídios em relação à prática desse profissional inserido numa organização.

O cientista social inserido numa organização possui – ou espera-se que possua – conhecimentos constituídos ao longo da sua formação que lhe permitem analisar criticamente os elementos e as relações internas do local de trabalho, bem como as que o empreendimento em questão desenvolve com os grupos sociais e as instituições que atende, subsidiando a construção de soluções criativas que levam em conta os objetivos centrais da empresa, instituição etc.

Os conhecimentos dominados pelo sociólogo são tanto teóricos quanto metodológicos. Os aspectos teóricos envolvem as referências constituídas sobre organizações em geral e sobre o tipo de organização específica em que o cientista social se insere. Os saberes metodológicos estão relacionados à apreensão qualificada de situações específicas que exigem soluções criativas por parte da equipe da organização. As formas de conhecimento são complementares e se retroalimentam. Os elementos teóricos dão suporte aos metodológicos, e estes, aplicados, qualificam as possibilidades de criação de novas teorias. Essas novas abstrações estarão ancoradas na prática cotidiana refletida pelo cientista social, podendo qualificar progressivamente a ação profissional dos sujeitos, individualmente e a do corpo de trabalhadores como um todo.

Desse modo, é perceptível que o cientista social possa se inserir indiscriminadamente nos diversos ramos do mercado de trabalho. Há espaço para esse profissional em todas as organizações sociais interessadas: no atendimento qualificado ao público-alvo; na adequação a metas e regras mínimas de responsabilidade social; na ação organizacional produtora de cidadania, e não meramente reprodutora das relações sociais previamente existentes.

O debate sobre a inserção do cientista social nas diversas organizações sociais é relevante quando se pensa os objetivos macrossociais que as tradições teórico-filosóficas desde a modernidade têm sintetizado na expressão *processo civilizador*. São notáveis os avanços tecnológicos propiciados ao longo desse processo difusor da modernidade. *Tecnologia,* aqui tratada no sentido amplo do termo, que envolve aspectos tanto econômicos e políticos quanto sociais, talvez até mais esses do que os outros.

Como exemplo imediato de tecnologias sociais importantes, temos os sistemas de coleta de esgoto e de lixo, de distribuição de água potável e de energia elétrica. Eles foram implantados nos últimos séculos e tiveram um impacto significativo na qualidade e na expectativa de vida das populações atendidas. A aplicação e a execução de políticas públicas de impacto social, como as mencionadas aqui, contaram, ao longo dos anos, nos governos das mais distintas posições ideológicas, com cientistas sociais nas suas equipes elaboradoras e executoras.

Tratando essa herança moderna, seus objetivos e seus princípios universais como positivos em relação à universalização de direitos e à promoção de cidadania é que se justifica a inserção de cientistas sociais – equipes ou indivíduos – nas organizações modernas. Constitui-se como uma realidade crescente, nas mais diversas organizações, a preocupação de não apenas realizar o trabalho individual, mas de fazer com que esse trabalho tenha repercussão social e contribua para a promoção da cidadania para o público atendido e para o corpo de trabalhadores.

A racionalização de procedimentos, em relação a fins econômicos, tem construído resultados operacionais significativos nas diversas empresas, e o controle das atividades dentro dessas empresas tem possibilitado a otimização de tempos e de espaços.

No entanto, o contraponto que se tem verificado em relação a essas práticas é o distanciamento entre resultados economicamente eficientes e controlados, por um lado, e a satisfação, o envolvimento e os impactos sociais de tais organizações na vida dos trabalhadores e da sociedade como um todo, por outro. Esse distanciamento da eficiência e do controle da organização em relação à satisfação dos sujeitos com os quais o empreendimento se relaciona pode impactar a meta central de lucratividade, de promoção de direitos e de deveres e/ou de bem-estar social. É nessa mediação entre metas, eficiência, controle e bem-estar que o cientista social pode contribuir para o desenvolvimento organizacional.

É importante deixar claro que existe um limite para as práticas socialmente responsáveis, especialmente nas empresas privadas. A partir do momento em que a lucratividade da empresa fica comprometida por tais práticas, elas deixam de ser interessantes e passam a ser questionadas. A ação social destas é, muitas vezes, ancorada em estratégias de propaganda. Quando se ultrapassa a linha que divide os benefícios das novas ações à empresa em direção à queda da lucratividade, esta – seus acionistas, gerentes e proprietários – tende a desaconselhar esse tipo de prática.

Essas decisões desabonadoras nas organizações públicas e do terceiro setor são menos óbvias. Ambos são setores que, por mais que dependam de equilíbrio financeiro para manter sua dinâmica de atuação, diferenciam-se do setor privado por não terem na obtenção do lucro o centro da sua ação, em especial no setor público – que numa perspectiva não liberal pode ser definido como meio institucional de promoção de direitos de cidadania –, cujas práticas de expansão e garantia de seguridade social e desenvolvimento político-econômico são centrais. Para que se execute essa meta, é fundamental a adequação equilibrada entre a eficiência, o controle e a satisfação dos grupos atendidos. É nessa tarefa específica que os cientistas sociais podem contribuir decisivamente.

(10.2) Aspectos teóricos relevantes para a prática em organizações na periferia

A emergência das organizações sociais é parte do processo que resultou na constituição das modernas sociedades capitalistas do ocidente. Essas sociedades têm como característica central a progressiva racionalização das relações sociais e da divisão social do trabalho. Esses dois elementos somados distinguem a nossa época e apontam para metas gerais das organizações sociais: a eficiência na gestão e na busca por resultados e o controle dos meios necessários para que os resultados esperados sejam alcançados.

No entanto, a construção do que se pode caracterizar como modernas sociedades capitalistas não foi um processo homogêneo de difusão e assimilação das práticas, dos valores e das instituições da modernidade. Esse processo teve, no geral, pouco de civilizador. Se com base nele se constituem novas civilizações, elas são resultado de mecanismos de violência extrema contra povos e civilizações resistentes à invasão econômica, política e cultural.

Os locais difusores da modernidade, especialmente a Europa Ocidental e, mais tardiamente, os países da América do Norte, passaram por guerras e viram consolidar novas ordens sociais por esses meios. Nesses países é que a modernidade foi construída e, ultrapassando suas fronteiras, expandida para o resto do mundo. Foi ao longo do processo de expansão das fronteiras que foram conquistados o Brasil e a América Latina e dominados o continente africano e partes da Ásia.

Se o processo de constituição dos países centrais foi violento, a expansão das fronteiras desse mundo foi muito mais. Povos inteiros foram exterminados, civilizações subjugadas, escravizadas e exploradas intensamente por séculos. É sobre esse pano de fundo histórico que se estrutura a divisão internacional do trabalho que se mantém até os dias de hoje.

Para os objetivos do capítulo, é necessário perguntar se há impacto dessa herança histórica nas sociedades periféricas e semiperiféricas ainda hoje. Objetivamente perguntamos: As organizações se estruturam de modo distinto nos países centrais e periféricos? A funcionalidade das organizações é impactada pelo tipo de sociedade em que está inserida? Os impactos sociais e as formas de inserção social e comunitária das organizações são diferenciados de acordo com o contexto central ou periférico em que se situam?

Se as respostas a essas perguntas forem – ao menos parcialmente – afirmativas, é necessário que o cientista social tenha em conta que o Brasil é um país semiperiférico e que essa característica histórico-estrutural tem impacto na inserção, na funcionalidade e na estrutura das organizações construídas e instaladas no nosso país. Essa condição faz com que processos constitutivos da cidadania – e as instituições necessárias à sua construção – e promotores da modernidade não tenham sido completados em virtude de interesses e relações sociais marcadas pela assimetria e pela dominação. Dessa forma, constitui-se no Brasil uma situação de subcidadania.

A produção da cidadania – como código de valores igualitaristas e suportes sociais universais – demanda mais do que tempo para sanar resíduos históricos. Demanda clareza teórica em relação ao fenômeno, força política e vontade de superar tal situação. A força e a vontade políticas não podem ser exclusividades das nossas classes dominantes, mas devem estar presentes na sociedade como um todo. Nesse caso, as ações a serem desenvolvidas pelas mais diversas organizações sociais precisam estar situadas em consonância com o amplo processo de modernização democrática, produtor de relações menos assimétricas.

O cientista social, inserido nas mais diversas organizações – públicas, privadas ou do terceiro setor –, precisa ter essa clareza teórica e reflexiva para que suas ações não fiquem restritas à defesa de interesses particularistas, que tendem a impactar negativamente não apenas a organização específica, mas, no limite, a sociedade como um todo. O desenvolvimento de projetos internos que tenham impacto na qualidade das relações de trabalho, o atendimento ao público em geral e o acompanhamento das ações organizacionais pode e, preferencialmente, precisa ser acompanhado por um cientista social.

(10.3) Aspectos a serem qualificados pela ação do cientista social

Quanto maior uma organização, mais desenvolvida tende a ser sua burocracia. A burocracia tem como função principal dentro das organizações o controle dos processos produtivos, dos trabalhadores, das ações e das práticas cotidianas executadas. Em geral, as funções burocráticas são constituídas por departamentos inteiros de arquivamento, estudos de rotina e produção de relatórios gerenciais. Se, por um lado, essa carga burocrática contribui para garantir padrões mínimos de eficiência, por outro, tende a se tornar um foco de ineficiência, quando mal gerida.

São comuns os casos de relatórios ou questionários preenchidos pelos trabalhadores, em folhas e blocos de papel, como diretrizes de cadastro ou controle de informações, conterem informações errôneas em virtude do excessivo detalhamento e da perda do sentido global daquele instrumento para o funcionário, que o preenche como obrigação e, muitas vezes, com desdém.

As informações incompletas, equivocadas ou de sentido ambíguo para quem avalia e produz relatórios tendem a induzir equívocos analíticos por parte do corpo burocrático. Nesse caso, o mal-estar gerado no momento da divulgação dos resultados tende a ser coletivo – do corpo de funcionários, que percebe explicitamente os equívocos analíticos, e do corpo burocrático, descontente com a contra-avaliação do seu trabalho.

É urgente, nesses casos, a confecção de projetos que utilizem as novas tecnologias informacionais para a produção de formas de gerenciamento de dados menos "áridas" do que as comumente utilizadas pelas burocracias. Por um lado, um questionário elaborado num programa computacional tem a vantagem de permitir uma sistematização de dados de modo muito mais rápida e eficiente. Por outro lado, tal instrumento de coleta de informações exige a elaboração de indicadores precisos a serem construídos e sistematizados, cuja necessidade de adequação aos objetivos específicos do projeto não é preciso ressaltar. Uma das alternativas que o cientista social tem de aplicação desses questionários é via "mala-direta", encaminhando a lista por correios eletrônicos da organização. Para que esse tipo de iniciativa pontual atinja o resultado esperado, obtendo grande número de opiniões sobre o assunto "X" e, com base nelas, possa desenvolver novas práticas voltadas aos objetivos propostos, é necessário o comprometimento do corpo de funcionários. Para isso, é fundamental um bom sistema de comunicação interna, que precisa ser o mais eficiente e sintético possível, cujo aprofundamento pode ser obtido por meio de relatórios mais detalhados.

Esse tipo de projeto de acompanhamento de práticas pode ser executado em qualquer organização preocupada com o impacto socioambiental que provoca, com a qualificação do atendimento ao público em geral, com a qualidade de vida e bem-estar dos trabalhadores etc. São empreendimentos necessários a uma organização interessada em contribuir para a promoção da cidadania. Comprometidas com metas de eficiência, essas novas práticas tendem a impactar na qualificação da burocracia.

A burocracia, como característica típica das organizações sociais em geral – de pequeno, médio ou grande porte –, não parece ser extinguível, ao menos a médio e a longo prazos. Isso não significa, entretanto, que suas funções e estruturas não possam ser racionalizadas por meio de:

a. utilização de práticas mais coerentes em relação aos fins e às propostas da organização;

b. aplicação das novas tecnologias, com o objetivo de dinamizar o processo burocrático como um todo.

É possível e desejável, então, o engajamento do cientista social em projetos de mudanças organizacionais baseados em princípios de racionalização burocrática eficiente, ampliação dos espaços de discussão interna, envolvimento direto dos funcionários e qualificação das práticas internas e externas com base nas iniciativas anteriores. Estas tendem a impactar positivamente os resultados obtidos pela organização no âmbito imediato – aquilo a que a organização se propõe –, bem como em relação à sua inserção social, contribuindo para a ação ética e comprometida com a cidadania por parte do corpo de trabalhadores e da organização.

Esses projetos não dependem da presença do cientista social, mas ela é desejável tendo em vista:

a. a formação teórica competente, que amplie os horizontes de ação para além da relação custo-benefício imediata e de fins meramente administrativos e econômicos;

b. a formação metodológica, que lhe permita a produção de indicadores pertinentes e capazes de, efetivamente, aferir as informações desejadas e de

materiais de comunicação, relatórios e soluções criativas para problemas que tendem a produzir gargalos de ineficiência ou insatisfação.

É válido reforçar que, em organizações nas quais a participação dos trabalhadores é construída coletivamente – de modo a repercutir em melhores práticas produtivas e gerenciais, com impacto na percepção dos funcionários em relação à qualidade de vida no trabalho – as ferramentas de controle precisarão ser utilizadas apenas de forma moderada.

(10.4) Novas tecnologias, potencialização das redes e das ações sociais responsáveis

Numa conjuntura de globalização das relações econômicas, políticas e sociais, na qual a difusão de novas tecnologias possibilita que cada vez mais as organizações estabeleçam ligações entre si, é importante que o cientista social tenha competência para compreender os processos em curso, dominar as ferramentas mínimas de diálogo e o gerenciamento das novas relações, bem como dirigir grupos que, por ora, possam não se situar apenas dentro da organização.

As mudanças sociais ocorridas nas últimas décadas do século XX impactaram o mundo organizacional de forma profunda e condicionaram reestruturações nas suas relações internas e externas. Ao longo desse processo, têm se aprofundado as exigências de maior flexibilização das equipes internas, com domínio de uma burocracia cada vez mais racionalizada e eficiente, trabalhadores mais autônomos e capazes de realizarem mais funções, de forma orgânica e horizontal, e não mais mecânica e vertical.

Entre as competências de que o cientista social dispõe para se inserir nas organizações do século XXI e que o distinguem da maioria dos profissionais de outras áreas de conhecimento e ação, estão: a formação qualificada para a realização de pesquisas; o domínio de ferramentas informacionais, entre as quais os instrumentos virtuais de contato com outras organizações, pessoas e órgãos de interesse; o treinamento para sistematizar informações e arquivos pertinentes ao foco da organização e áreas correlatas, com as quais esta pode vir a se relacionar futuramente; e a capacidade de gerenciamento de projetos em equipe, com funcionários de todos os níveis e com a população atendida pela organização.

Essas competências constituídas ao longo da formação do cientista social servem para a qualificação da ação organizacional nos diversos ramos de produção, consumo, trocas e distribuição dos bens sociais, sejam eles de origem pública, privada ou do terceiro setor. Isso porque esse profissional possui a capacidade de pensar a organização em sua dupla complexidade. Por um lado, a organização pode ser vista como uma unidade dentro de uma totalidade ampla e complexa, com a qual precisa se relacionar para atingir metas e desenvolver projetos de ampliação e crescimento. Muitas vezes, essas relações se estabelecem na forma de redes colaborativas, preferencialmente horizontalizadas, e não apenas de forma concorrencial e vertical, bem como é cada vez mais comum que essas relações, colaborativas ou competitivas, se façam com organizações de outras regiões e países. Por outro lado, a organização pode ser encarada como uma complexidade em si. A unidade vista de fora constitui uma complexidade vista de dentro. Para que os objetivos previamente planejados da organização sejam passíveis de serem cumpridos, é fundamental construir um sentido à coordenação das ações internas que esteja em sintonia com o plano geral. E, mais do que isso, é fundamental que as constantes avaliações e revisões dos objetivos e do planejamento estejam sintonizadas com a discussão interna e com os rumos externos da área da ação organizacional e da sociedade como um todo.

É importante a organização se situar em relação aos rumos da sociedade como um todo, em função da inserção social que se tem. Com a difusão de princípios de responsabilidade socioambiental, são cada vez mais valorizadas as organizações que se assumem como corresponsáveis pelos rumos da sociedade em que se inserem.

Num país como o Brasil, semiperiférico, no qual as dificuldades sociais são ampliadas em relação aos países centrais, as boas práticas organizacionais tendem a ter impactos significativos nas comunidades, nas cidades e nos estados em que são executadas. Diante das carências gigantescas, expostas pelas mais diversas pesquisas sobre pobreza e desigualdade no país, as ações estatais tendem a se mostrar insuficientes para garantir os desejados padrões de cidadania, por isso, é cada vez mais urgente que as organizações privadas e do terceiro setor contribuam para diminuir as carências amplificadas da população mais pobre do país.

A potencialização de ações comunitárias não se constrói apenas via políticas públicas. O incentivo e o financiamento das boas práticas podem e precisam ser realizados pelos agentes locais, e as organizações estão entre esses agentes. Soluções para problemas sociais muitas vezes dependem mais da criatividade, do apoio e da aglutinação de forças do que propriamente de verbas ilimitadas.

A ruptura desejada das práticas reprodutoras de miséria só se fará com o envolvimento de todos os agentes públicos capazes de agirem localmente, em busca de um projeto global de produção de cidadania. Uma organização comprometida com essa ação e esses ideais precisa contar com o cientista social para desenvolver projetos internos e externos que permitam qualificar as relações de trabalho e contribuir para potencializar as ações sociocomunitárias praticadas nas comunidades, municípios e estados em que se encontra.

Uma forma de coordenar e produzir inovações, tanto internas – que impactam a eficiência organizacional – como externas – de responsabilidade socioambiental – é o aproveitamento das capacidades criativas, saberes e práticas rotineiras dos funcionários em geral. Esses sujeitos estão entre os mais habilitados dentro de qualquer organização para contribuir com dinâmicas de inovação e mudança organizacional.

Muitos dos trabalhadores se inserem, além da organização de trabalho, em várias outras instituições e empreendimentos com o intuito de ampliar suas redes de socialização, promover ações sociais de impacto comunitário e qualificar--se constantemente. Essas ações em geral são desconhecidas das organizações. Nesses casos, cabe ao cientista social promover e contribuir para a potencialização da ação individual e estabelecer parcerias entre organizações, de modo a favorecer a coordenação das ações tendo em vista a ampliação dessas práticas.

(10.5) O cientista social no terceiro setor

Além das organizações públicas e privadas interessadas em qualificar suas práticas internas e externas, os cientistas sociais são recrutados pelas mais diversas formas de ONGs. Elas têm como característica básica a prestação de serviços, produção, distribuição, trocas e consumo de modo autônomo, solidário e sem foco no lucro. Suas atividades, motivadas por causas públicas e sociais, são organizadas na forma de fundações ou de associações que se estabelecem e se constituem como um campo próprio de ações sociais com efeitos sensíveis na política, na economia e na cultura locais.

A pluralidade de práticas possíveis entre essas organizações é negativa por um lado, quando interesses escusos e meios ilegais são utilizados para se aproveitar da boa-fé ou da necessidade da população atendida ou participante, mas positiva por outro, tendo em vista que há espaço para a produção de relações solidárias nos mais diversos meios sociais, com inúmeros objetivos específicos, o que potencializa a capilaridade da ação dessas organizações e a participação social na constituição e produção de práticas solidárias.

A constituição das ONGs tende a gerar efeitos democratizadores e produtores de cidadania quando as ações sociais são realizadas com base na discussão comunitária das questões centrais a serem abordadas pelas atividades. A qualificação dessas ações depende da atuação de profissionais engajados em projetos solidários e capacitados para gerir grupos e coordenar ações internamente, na organização, e externamente, na captação de recursos e no atendimento às demandas contratadas.

Sendo assim, é importante destacar que a inserção no mercado de trabalho via organizações de "economia solidária" e a assistência continuada, por meio de projetos de relacionamento entre empresas e comunidades com uma perspectiva de "responsabilidade social", são potenciais a serem explorados pelos cientistas sociais e que produzem novas lógicas para a ação de organizações sociais em geral.

A consolidação de um projeto cidadão para o futuro do país depende do sucesso que as práticas orientadas a esse fim obtiverem nas diversas organizações sociais em que elas se realizam. A difusão dessas práticas, com a respectiva valorização social dos sujeitos envolvidos nelas, tende a produzir um ciclo virtuoso de expansão das organizações engajadas na construção da cidadania no país, sendo esta não mais apropriada exclusivamente pelo discurso político, mas abraçada como projeto coletivo da sociedade como um todo.

(.) Ponto final

Neste capítulo foram situadas as possibilidades de ação qualificada que os cientistas sociais podem desempenhar nas diferentes organizações sociais em direção à inserção organizacional no processo de construção da cidadania.

Foram indicados aspectos teóricos e metodológicos peculiares à formação desse profissional que fazem dele um sujeito fundamental para a elaboração e a execução de novas práticas coordenadas que potencializam a constituição de redes sociais menos hierárquicas e a formulação de ações socialmente responsáveis.

Apontamos, portanto, a possibilidade de ampliação significativa do mercado de trabalho para os cientistas sociais no futuro breve, em função da qualificação desse profissional para exercer atividades que vão além das tradicionais funções destinadas a essa categoria – especialmente docência e pesquisa. Para isso, é fundamental a publicização das práticas e potencialidades desses profissionais nos diversos ramos em que já atuam, para dar visibilidade à ação do cientista social nas organizações.

Atividade

1. No texto foram situadas três formas de conhecimento que o cientista social precisa dominar para realizar um trabalho adequado nas diversas organizações. São eles:

   a. teórico, metodológico e senso comum.

   b. teórico, prático e empírico.

   c. metodológico, senso comum e prático.

   d. teórico, metodológico e prático.

Referências

ABONG – Associação Brasileira de Organizações Não Governamentais. UM NOVO MARCO LEGAL PARA AS ONGS NO BRASIL: fortalecendo a cidadania e a participação democrática. São Paulo; Brasília: Abong, 2007.

AGUIAR, A. B. de; MARTINS, G. de A. Tipologia das estruturas organizacionais de Mintzberg e as ONGs do Estado de São Paulo. In: SEMINÁRIOS EM ADMINISTRAÇÃO – SEMEAD, 7., 2004, São Paulo. ANAIS... São Paulo: Semad, 2004. p. 1-20.

ANDERSON, P. LINHAGENS DO ESTADO ABSOLUTISTA. São Paulo: Brasiliense, 2004.

ARON, R. AS ETAPAS DO PENSAMENTO SOCIOLÓGICO. São Paulo: M. Fontes, 2003.

BECKER, F. EDUCAÇÃO E CONSTRUÇÃO DO CONHECIMENTO. Porto Alegre: Artmed, 2001.

BRESSER-PEREIRA, L. C.; GRAU, N. C. Entre o Estado e o mercado: o público não estatal. In: BRESSER-PEREIRA, L. C.; GRAU, N. C. (Org.). O PÚBLICO NÃO ESTATAL NA REFORMA DO ESTADO. Rio de Janeiro: FGV, 1999.

CAPPELLIN, P.; GIFFONI, R. As empresas em sociedades contemporâneas: a responsabilidade social no norte e no sul. Caderno CRH, Salvador, v. 20, n. 51, p. 419-434, 2007.

CARVALHO, J. M. de. DESENVOLVIMIENTO DE LA CIUDADANÍA EN BRASIL. México: Fondo de Cultura, 1995.

CASTELLS, M. A SOCIEDADE EM REDE. São Paulo: Paz e Terra, 1999.

CATTANI, A.; CIMADAMORE, A. (Org.). PRODUÇÃO DE POBREZA E DESIGUALDADE NA AMÉRICA LATINA. Porto Alegre: Tomo Editorial; Clacso, 2007.

CHAUI, M. A universidade pública sob nova perspectiva. REVISTA BRASILEIRA DE EDUCAÇÃO, São Paulo, n. 24. p. 5-15, set./dez. 2003.

DIAS, R. SOCIOLOGIA DAS ORGANIZAÇÕES. São Paulo: Atlas, 2008.

DOMINGUES, J. M. Criatividade social, subjetividade coletiva e a modernidade brasileira contemporânea. Rio de Janeiro: Contra Capa, 1999.

DOWBOR, L. Tendências da gestão social. Saúde e sociedade, São Paulo, v. 8, n. 1, jan./jul. 1999.

DUARTE, N. F. dos S. Teoria de Mintzberg: Mintzberg e o desenho organizacional. Disponível em: <http://prof.santana-e-silva.pt/gestao_de_empresas/trabalhos_05_06/word/Teoria%20de%20Mintzberg.pdf>. Acesso em: 16 nov. 2008.

DURKHEIM, E. A divisão do trabalho social. Lisboa: Presença, 1977.

ELIAS, N. Os estabelecidos e os outsiders. Rio de Janeiro: J. Zahar, 2000.

FERNANDES, F. A revolução burguesa no Brasil. Rio de Janeiro: J. Zahar, 1976.

FOUCAULT, M. Vigiar e punir: nascimento da prisão. Petrópolis: Vozes, 1987.

GIDDENS, A. Sociologia. Porto Alegre: Artmed, 2005.

GOFFMAN, E. Manicômios, prisões e conventos. 7. ed. São Paulo: Perspectiva, 2003.

KOLLING, P. América Latina periférica: o desenvolvimento latino-americano na concepção de Prebisch/Cepal (1948/1981). 2004. 459 f. Tese (Doutorado em História) – Programa de Pós-Graduação em História, Pontifícia Universidade Católica do Rio Grande do Sul, Porto Alegre, 2004.

LAVALLE, A. G. et al. Representação política e organizações civis: novas instâncias de mediação e os desafios da legitimidade. Revista Brasileira de Ciências Sociais, São Paulo, v. 21, n. 60, p. 43-66, 2006.

LOPES, J. R. Terceiro setor: a organização das políticas sociais e a nova esfera pública. São Paulo em perspectiva, São Paulo, v. 18, n. 3, p. 57-66, 2004.

MACHADO, R. de C. de F. Autonomia. In: STRECK, D. et al. (Org.). Dicionário Paulo Freire. Belo Horizonte: Autêntica, 2008.

MAINTZ, R. Sociología de la organización. 4. ed. Madri: Alianza Universidad, 1984.

MARTINS, J. de S. As mudanças nas relações entre a sociedade e o Estado e a tendência à anomia nos movimentos sociais. Estudos Avançados, São Paulo, v. 14, n. 38, jan./abr. 2000.

MARX, K. Formações econômicas pré-capitalistas. Rio de Janeiro: Paz e Terra, 1975.

_____. O capital: crítica da economia política. Rio de Janeiro: Civilização Brasileira, 1968.

MINTZBERG, H. Criando organizações eficazes. São Paulo: Atlas, 2003.

NOGUEIRA, M. A. Sociedade civil, entre o político-estatal e o universo gerencial. Revista Brasileira de Ciências Sociais, São Paulo, v. 18, n. 52, jun. 2003.

NUNES, P. Conceito de estruturas de Mintzberg. Disponível em: <http://www.knoow.net/cienceconempr/gestao/estruturasmintzberg.htm#vermais,18>. Acesso em: 16 nov. 2008.

PAOLI, M. C. Empresas e responsabilidade social: os enredamentos da cidadania no Brasil. In: SANTOS, B. de S. (Org.). Democratizar a democracia: os caminhos da democracia participativa. Rio de Janeiro: Civilização Brasileira, 2002. p. 373-418.

PECI, A. Estrutura e ação nas organizações: algumas reflexões sobre as perspectivas prevalecentes na teoria organizacional. In: ANAIS DO ENCONTRO DE ESTUDOS ORGANIZACIONAIS –

ENEO. Anais... 2., 2002. Recife: Observatório da Realidade Organizacional; Prapad/UFPE; Anpad, 2002.

PERROW, C. Sociología de las organizaciones. 3. ed. Madrid: McGrawHill, 1991.

PIERUCCI, A. O desencantamento do mundo: todos os passos do conceito em Max Weber. São Paulo: USP, 2003.

PIRES, J. C. de S.; MACEDO, K. B. Cultura organizacional em organizações públicas no Brasil. Revista de Administração Pública, Rio de Janeiro, v. 40, n. 1, jan./fev. 2006.

SÁ, M. de C. Subjetividade e projetos coletivos: mal-estar e governabilidade nas organizações de saúde. Ciência & Saúde Coletiva, Rio de Janeiro, v. 6, n. 1, p. 151-164, 2001.

SAES, D. A. M. A questão da evolução da cidadania política no Brasil. Estudos Avançados, São Paulo, v. 15, n. 42, maio/ago. 2001.

SAHLINS, M. Cultura e razão prática. Rio de Janeiro: J. Zahar, 1979.

SAINSAULIEU, R. Sociologia da empresa: organização cultural e desenvolvimento. Lisboa: Instituto Piaget, 1997.

SALAMON, L. M. America's Nonprofit Sector: a Primer. 2 ed. New York: The Foundation Center, 1999.

SARAIVA, L. A. S. et al. Discursos empresariais e estratégias de gestão: um estudo de caso no setor têxtil de Minas Gerais. Gestão & Planejamento, Salvador, v. 3, n. 6, p. 43-45, jul./dez. 2002.

SILVA, A. A organização do trabalho na indústria do vestuário: uma proposta para o setor da costura. 2002. 128 f. Dissertação (Mestrado em Engenharia da Produção) – Programa de Pós-Graduação em Engenharia da Produção, Universidade Federal de Santa Catarina, Florianópolis, 2002.

SILVA, C. G. R. da. et al. Mudança cultural e criatividade: condições para a aprendizagem organizacional. Sitientibus, Feira de Santana, n. 27, p. 159-178. jul./dez. 2002.

SOUZA, J. A construção social da subcidadania: para uma sociologia política da modernidade periférica. Rio de Janeiro: Iuperj, 2003.

_____. Modernização seletiva: uma reinterpretação do dilema brasileiro. Brasília: Ed. da UNB, 2000.

WALLERSTEIN, I. Capitalismo histórico e civilização capitalista. Rio de Janeiro: Contraponto, 2001.

WEBER, M. A ética protestante e o "espírito" do capitalismo. São Paulo: Companhia das Letras, 2004.

_____. História geral da economia. São Paulo: Mestre Jou, 1968.

Gabarito

Capítulo 1
1. b

Capítulo 2
1. a

Capítulo 3
1. c

Capítulo 4
1. c

Capítulo 5
1. a

Capítulo 6
1. c

Capítulo 7
1. b

Capítulo 8
1. b

Capítulo 9
1. c

Capítulo 10
1. d

Os papéis utilizados neste livro, certificados por instituições ambientais competentes, são recicláveis, provenientes de fontes renováveis e, portanto, um meio responsável e natural de informação e conhecimento.

FSC
www.fsc.org
MISTO
Papel produzido
a partir de
fontes responsáveis
FSC® C103535

Impressão: Reproset
Fevereiro/2022